Pobre Pobreza

Pobre Pobreza

Abel Pacheco

Para realizar pedidos de este libro, contacte con:
Palibrio
1663 Liberty Drive, Suite 200
Bloomington, IN 47403
Gratis desde EE. UU. al 877.407.5847
Gratis desde México al 01.800.288.2243
Gratis desde España al 900.866.949
Desde otro país al +1.812.671.9757
Fax: 01.812.355.1576
ventas@palibrio.com
841093

ÍNDICE

PRÓLOGO

Hola amigos, una vez más nos leemos aquí en nuestro nuevo libro en el cual hemos decidido cambiar totalmente la temática, con la intención de mostrar a cada uno de ustedes de como un hombre o familia pasa de ser un esclavo del siglo 21 o de la era moderna a ser un escritor, quiero explicar total y completa la formula con la intención que si a mí me pudo ayudar a salir de ese lodo, ese agujero, esa pared, esa jaula mental, también a ustedes les puede ayudar y créanme no es nada fácil, no es como magia: es la combinación de un doble trabajo que debes hacer, pero antes de cada trabajo debes tener siempre adelante al todo poderoso, a el amigo que nunca nos falla, a nuestro amigo nuestro hermano y salvador JESÚS, luego debes seguir en tu trabajo como siempre lo has hecho y por ultimo debes empezar un proceso de educación, debes educar tu mente ósea que debes adoptar un nuevo habito se llama leer, aquí les daremos algunos títulos de libros del menú de lectura que les estamos recomendando, algunas frases que dijeron algunos que ni siquiera se quien dijo eso pero de una cosa estoy muy seguro: es la pura verdad.

Yo ya he invitado a algunas personas a adoptar este bonito habito, pero me ponen tantos pretextos que mejor no insisto y es que algunos nos hemos acomodado tanto en nuestra pobreza que si alguien nos invita a salir de ella nos enojamos con él o ella, a veces cuando encuentro personas así no se si sentir lastima o enojo (coraje) con ellos.

Salir de la pobreza económica debería ser una obligación y si no me cree, lea la biblia en la parábola de los talentos, Dios nunca dijo que nos quiere pobres económicamente lo que pasa es que no sabemos administrar las cosas, es al revés las cosas nos administran a nosotros y en el aquí y ahora ya tenemos otra nueva forma de esclavitud y es la de la tecnología o redes sociales, donde ya perecemos zombis por todos lados sin siquiera poder levantar la cabeza y mirar donde voy o vamos y eso nos impide a aprender a pensar y hasta nos vuelve invisibles porque así parece como si nadie nos ve ni nos oye, imagínense para donde vamos ¿a dónde vamos a llegar? quiero dejar muy en claro que yo no tengo nada en contra de la tecnología (redes sociales) pues yo también la uso pero si estoy en contra del abuso o exceso de las redes sociales, todos con teléfonos inteligentes, pero nosotros ¿somos más inteligentes? no, la motivación está en ti no debes esperar que otro te anime a adoptar este bello habito hazlo y hazlo ahora.

PRIMER CAPÍTULO

Mi infancia
(Vivencias)

Un capítulo especial dedicado a mi vida en la niñez que no quisiera recordar pues fue muy triste y muchas cosas no las recuerdo tal vez porque incluso hice muchos intentos por tratar de olvidar, por lo triste que fueron, vivimos una extrema pobreza que tan solo recordarla me gana la melancolía al escribir me resulta difícil detener mis lágrimas viajar en el tiempo tanto en ir tan lejos recordar lo más bello de mi vida en medio de aquella terrible miseria.

LA VIDA ES
UNA GRAN
AVENTURA
TODO
DEPENDE
DE TI

Nosotros vivíamos cuidando de la escuela sin recibir pago por ello y estábamos casi obligados a estudiar todo el tiempo y aunque fuera en el mismo grado, recuerdo que fui  tres a cuatro años en tercer grado lo que pasaba era que cuando empezaba la época escolar en enero nos matriculaban (inscribir) para cuando llegaba la temporada de trabajo me iba a trabajar para poder ayudar a mis padres con los gastos de la casa de toda esa pobreza.

LA VIDA ES UNA GRAN AVENTURA TODO DEPENDE DE TI

No quiero culpar a mis padres que en gloria estén, pero ahora pienso que fue por su demasiada ignorancia, pues mi madre era de mil oficios, mi padre casi nunca fallaba un día al trabajo, e incluso él decía que: un día perdido hasta los santos lo lloran, espero desde el cielo donde ahora están, me perdonen.

Si esto parece una mala critica, tantas veces que lo he pensado y no encuentro otra respuesta.

No sé cuántos años exactamente tendría, lo que se, es que a mí ya me gustaban las muchachas, (doce o trece años no se) pero lo único que sé y aun me duele el alma es que yo iba sin zapatos.

Cuando íbamos a jugar fútbol algunos niños intencionalmente me pisaban mis deditos de mis pies.

Y eso pasaba muy seguido por eso yo mejor ya no jugaba,

HAY OPORTUNIDADES QUE NOS TRAEN MÁS DOLOR QUE FELICIDAD A.P

muchos me decían que yo era muy bueno que no dejara de jugar, aún recuerdo un muchacho llamado: Valentín c, él era una de los mejores futbolistas de le región, él me decía: no dejes de jugar eres bueno, pero consíguete unos zapatos, recuerdo que un profesor que se llamaba: Jorge, me hacía libretas de papel bond o de cualquier papel (lo cortaba con tijeras y lo engrapaba) con tal que yo continuara estudiando.

Recuerdo que en varias ocasiones el profe. Felipe Velásquez junto con otro alumno que se llama: narciso, me curo mis pies y es que muy seguido seme doblaban las uñas de mis pies hasta podrirse y caerse, y aun así yo quería seguir jugando.

Para mí eso era un vicio y algunos se aprovechaban para lastimarme más, a pesar de eso yo no recuerdo haber sentido rencor por ninguno de ellos, ni buscaba vengarme de nadie a pesar de que algunos eran menores o más pequeños que mí.

SI IGNORAS LO NEGATIVO VENCERÁS TUS DESAFÍOS

Quisiera mencionar algunos nombres de esos excompañeros, pero tengo miedo de tener problemas por eso, y tal vez no vale la pena.

Mucho tiempo pase deseando tener un par de zapatos o tener dinero para poder ir a las excursiones que la escuela realizaba pues las hacían muy seguido para recaudar fondos para las necesidades de la escuela y me daba mucha tristeza cuando escuchaba los compañeros ablando de las aventuras que ellos allá tenían o hacían, como se divertían y yo prefería no escucharles.

Aún recuerdo uno de mis primeros trabajos: me contrato un señor que le decían waracha, o cola de tunco, para cuidar un arrozal (cultivo de arroz) lo cuidaba de los pájaros, como el arroz ya estaba casi de cortarlo los pájaros venían a comérselo (eran muchos pero muchos pájaros) y yo cuando miraba aquellas manchas pero manchas de pájaros me ponía a ser todo el ruido que pudiera con el objetivo de que no pararan allí a comer, yo me la pasaba dando vueltas y vueltas todo el día por el arrozal, yo llevaba un pito, una lata, y un palo para ir sonando.

Yo me la pasaba dando vueltas todo el día, yo andaba sin zapatos y era todo un charcal, por todos lados, había espinas, habían culebras, pero a mí eso no me

NO LE DIGAS A NADIE DONDE TE DUELE PORQUE ALLÍ MISMO TE GOLPEARAN

interesaba, lo único que yo miraba era el día de pago y Asia muchos planes y es que ya venía las fiestas patronales, pero más adelante les seguiré ablando de esos planes, recuerdo que el dueño de la cosecha me dijo: yo voy a ir a vigilarte y si te encuentro dormido te voy a despedir en el momento, yo por momentos ya no sabía si vigilar los pájaros o a el dueño cuando viniera, porque allí a la par estaba un palo de mangos y estaban muy buenos, luego por la tarde Asia mucho calor y la sombra de aquel árbol era apetitosa al igual que sus mangos yo me sentía feliz por primera vez iba a tener dinero y sobre todo en la fiesta de mi pueblo, mi misión era evitar que los pájaros comieran lo menos posible allí, trabaje como dos o tres semanas y no me habían pagado, yo estaba muy contento porque todo ese pago ya era un muy buen dinero.

Llego una maquina muy grande a cortar el arroz, yo me sentía triste por una parte y muy contento por otra pues al fin iba a disfrutar de mi paga, don waracha me dijo por la noche vas a mi casa y te voy a pagar todo.

> **VACÍA TUS BOLCILLOS PARA LLENAR TU MENTE Y LUEGO TU MENTE LLENARÁ TUS BOLCILLOS**

Y ahora a ser planes, por primera vez, tendría dinero y en las fiestas patronales de San Isidro Lempa, yo quiero subirme por primera vez a las ruedas (juegos mecánicos), y quiero comer sorbete (helado), y quiero invitar a mis amigos a comer algo como ellos ya muchas veces lo habían hecho con migo, y comprar juguetes para mis hermanos menores, pero primero darles una buena parte a mis padres y ese fin de semana eran las fiestas de mi pueblo y habían muchas golosinas y juegos y lo que yo más anhelaba comer eran paletas de leche con chocolate, yo miraba como antes otros las comían y yo las deseaba pues no tenía dinero y quería probar los elotes locos, yo miraba que les echaban muchas cosas y se miraban muy buenos yo parecía estar loco de regreso a casa nos tardábamos como una hora caminando a pie allí pasaban muchos carros pero yo tenía miedo de subirme porque me iban a cobrar así es que me iba y regresaba a pie llegue a mi casa y como venía todo enlodado me vané, en casa no había ninguna esperanza de comida yo me acosté un rato y esperando impaciente porque llegara la noche pues ya había soñado tanto ese momento y esa noche la esperaba con muchas ansias imagínense eran las fiestas patronales de mi pueblo y aquel niño con aquellas ganas de gastar, yo nunca me había subido a una rueda o juegos mecánicos

Y sin más ni menos me fui a cobrar, llegue donde el patrón él era un hombre muy ocupado era uno de los organizadores de la fiesta, además era un líder de la comunidad todo el tiempo, él estaba

A QUIEN NO LE CUESTA LO HACE FIESTA

en su casa pero estaba ocupado, me miro varias veces yo prácticamente no le quitaba los ojos de encima, como diciéndole usted me debe y me tiene que pagar el me miro varias veces después de un largo rato salió se paró frente a mí me miro y dijo: ¿no te dijo nada? yo respondí, ¿quién? él dijo tu madre, ella vino a cobrarme y yo le page tu dinero a ella, yo dije: ok, bien, agache mi cabeza sentí que el mundo se me vino encima o quizá no sé lo que sentí, me imagino que el miro mis gestos y me dijo: lo siento Abel.

Yo salí de aquel lugar totalmente decepcionado, todos mis planes allí se acabaron, regrese a casa no había nadie, algo para comer, menos, me fui a una parte sola y empecé a llorar, al poco rato mire que venía mi madre.

ES MEJOR MORIR CON RECUERDOS QUE CON SUEÑOS

Con una caja de cartón grande, yo pensé que llevaría algo de comer pues ya era de noche y con ella venían mis hermanos menores. Pablito y la angelita, mi madre me dijo: hijo ven quiero enseñarte lo que traemos aquí, lo puso sobre la mesa y empezó a sacar la ropa nueva que había comprado para los niños que iban a bautizar y que ellos (mis padres serían los padrinos) mi madre se había gastado todo el dinerito que yo me había ganado, yo le pregunte que si me podía dar algo de dinero para mí, se enojó me regaño y casi me castiga, yo agache mi cabecita y me fui a fuera a seguir llorando.

Fueron muchas veces las que nos hicieron cosas como esas, yo nunca guarde rencor pues eran mis padres, tampoco los culpo por traer esa clase de injusticia para con nosotros, pero si esa ignorancia o falta de consideración nos trajo mucha pobreza.

Otro detalle del cual quisiera hablarles es: en la escuela donde vivíamos era como una universidad tenían su propio laboratorio con cosas muy modernas yo me.

Recuerdo que tenían allí cocinas de gas propano y les estoy hablando de hace unos 30 a 40 años, y en El Salvador ósea que esas cosas nadie las tenía, y también había televisores grandes, aparatos de soldadura, equipos modernos de carpintería, equipos de soldadura, entre otras y muchas cosas más.

NUESTRA POBREZA NO ESTÁ EN EL BOLSILLO, SI NO EN LA MENTE

Israel mi hermano y yo muy seguido aguantábamos regaños de mi madre porque nosotros cuando los profesores se fueron y abandonaron la escuela, sabíamos que esas cosas allí estaban y pensábamos que eran cosas de mucho valor y que los profesores no volverían pues la guerra aun empezaba y nuestra idea era esconderlas por un tiempo hasta poder venderlas.

Pero pues eran cosas grandes muy difíciles de esconder sobre todo de nuestra madre ella se oponía rotundamente que trajéramos algo de eso para nuestra casa y nosotros le insistíamos a nuestra madre que nos dejara esconder algunas de esas cosas y ella nos amenazaba que si ella sabía que habíamos traído algo de allí nos iba a castigar

Yo sé que tú al leer estas frases estás pensando en, que sería un robo tal vez en otro lugar u ocasión

A VECES ES MEJOR TENER PAZ Y NO LA RAZÓN

deberíamos hablar de ese tema (robar) porque tiempo después llegaron los militares se instalaron en nuestra escuela y empezaron a destruirlo todo.

Recuerdo que un día un soldado golpeó muy duro la campana de la escuela y la rajo y cuando ellos se descuidaron Israel mi hermano la quito le puso trapos la envolvió y la puso bajo de la cama, al cabo de un rato vino mi madre y dijo que uno de nosotros se había robado la campana y preguntaba quien fue en son de amenaza y con un lazo en la mano hasta que le explicamos lo que había sucedido y se la entregamos, ella fue inmediatamente a ponerla donde estaba ósea que era muy enserio.

Mi padre el a todo esto él se mostraba apático él nos decía, a su madre no le pongan cuidado ella no sabe lo que dice y el también terminaba haciendo lo que ella quería o decía.

Otra cosa que yo siempre les cuestione fue: que cuando ellos llegaron a vivir allí la colonia repartió las casas echas de block (ladrillo de cemento) ellos nunca quisieron tomar una.

Otra cuando ellos llegaron a vivir allí, había muchos terrenos muy grandes y muy productivos muy planos como la palma de una mano y fueron incapaces de tomar uno, ósea que muy pocas veces pensaron en nosotros sus hijos.

EN LA VIDA SE PIERDE MÁS POR MIEDO QUE POR INTENTARLO

Ruego a dios y a ellos donde quiera que diosito me los tenga, que me perdonen por esta mala critica o como quieran llamarla y espero que no me mal interpreten pues mi intención solo es contarles parte de mi niñez y del sufrimiento al que se puede empujar a los hijos por ignorancia.

También quiero contarles de las muchas veces que en mi infancia salíamos a vender charamuscas o en otras partes les llamaban topo yiyos, eran unos pequeños refrescos congelados en bolsa de plástico que una señora nos daba y de lo que vendíamos nos daba el 20%.

Tendría yo unos 8 a 10 años cuando íbamos a vender charamuscas a un lugar aledaño que se llama: caserío el transito era un lugar más pobre que el cantón San Isidro donde nosotros vivíamos, yo recuerdo que mis hermanas y yo íbamos muy seguido a vender.

Serían como unas tres horas de camino, cuando íbamos todo era cuesta arriba y cuando regresábamos todo era cuesta abajo unas dos horas, era un camino de puras piedras, yo andaba sin zapatos y mis hermanas tenían llinás o chanclas como las de la foto de la portada de este libro, mis pobres hermanas

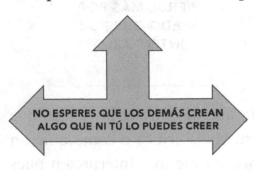

NO ESPERES QUE LOS DEMÁS CREAN ALGO QUE NI TÚ LO PUEDES CREER

Tenían muy reventadas sus pies yo recuerdo que caminábamos unos cien o más metros y alguna de ellas dos (las dos que son más mayor que mi) ya tenían que detenerse para medio reparar su chancla.

En el talón de sus pies ellas tenían como pequeñas heridas que decían que les dolía mucho pero no había tiempo para mirar esos detalles, y yo mis pies los tenía muy así como aplastados como un tamal mal amarrado, y muy duros de todos lados, a veces me golpeaba y no lo sentía- a menos que fuera en los dedos, mis uñitas las mude como mil veces, a veces seme espinaban mis pies y no sentía nada o a veces seme pegaban espinas y no sentía nada cuando ibamos pasando por algunas montañas y luego por las milpas y los agricultores nos compraban algunos ya nos estaban esperando pues hacía mucho calor y las charamuscas (helados) que les vendíamos les

ayudaban a saciar su sed, como el cajón donde
llevamos las charamuscas era muy pesado nos
turnábamos, pero como yo era el más pe pequeño me
lo ponían menos tiempo, también nos turnábamos
con mi hno. Israel a veces él iba con las cipotas a
vender, pero deseo contarles que el como yo corríamos
la misma suerte, el caminaba sin zapatos también-
Pues así fue nuestra pobreza.

A veces
llevábamos a
vender gaseosas
(sodas) el
problema de
llevar sodas era

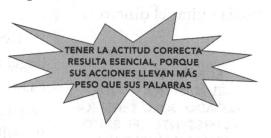

TENER LA ACTITUD CORRECTA
RESULTA ESENCIAL, PORQUE
SUS ACCIONES LLEVAN MÁS
PESO QUE SUS PALABRAS

que eso pesaba mucho por el envase era de vidrio y
valía más $ las charamuscas valían diez centavos de
colon y las gaseosas (sodas) valían 30 centavos, otro
problema de llevar gaseosas era que los envases eran
de vidrio, pesaban y los debíamos traer de regreso.

A veces a medio camino íbamos cuando por
descuido nos pegábamos grandes tropezones en las
piedras, las uñas de los pies hasta se nos doblaban
y salía sangre nos sentábamos en las piedras más
grandes para curar un poco los deditos (pero solo
un ratito) y es que no podíamos tardarnos mucho
porque las charamuscas se nos descongelaban y
después nadie las compraba y la mujer que nos daba
la venta decía que eso era una perdida que quien iba

a pagar eso que no se vendió y nos regañaba porque decía que nosotros jugábamos mucho por el camino que quizás descansábamos muchas veces mientras íbamos por el camino.

Ella nos decía que podíamos descansar el tiempo que quisiéramos, pero después de terminar la venta, solo que nos cuidáramos que no nos llegara la noche a medio camino pues a obscuras cualquiera nos podía quitar el dinero.

Recuerdo que llegábamos a algunas casas donde nos regalaban comida (tortillas con frijoles) y mi hermana la mayor (Ana) no quería comer

EL AYER YA SE FUE, EL MAÑANA NO HA LLEGADO, SOLO TENEMOS EL PRESENTE. ¡EL ÉXITO EMPECÉMOSLO YA!

me decía que comiera yo, y que me llenara, yo en ese momento no entendía porque mi hermana no quería comer pero en realidad era que ella quería que yo me llenara porque talvez era muy poco lo que nos habían regalado y comiendo y caminando porque la venta se arruinaba y si no la vendíamos tendríamos problemas con la señora de la venta, mi otra hermana (Magdalena) cuando miraba comida siempre se adelantaba y si no me apuraba me dejaba sin nada, cosas de niños

Algunas veces nadie Nos daba comida, y mi hermana pedía por allí unas tortillas y frijoles y cuando veníamos de regreso sabíamos que los trabajadores ya no estaban y cortábamos uno o dos elotes cada uno y así sin coser los comíamos o a veces nos robamos una sandía y con una piedra la partíamos estaban verdes pero el hambre era mus fuerte que cualquier cosa, pepinos, etc.

A veces nos llamaban de casas muy pobres o quizás decir pobres queda corto, y salía una

ENSEÑAMOS LO QUE SABEMOS, PERO PRODUCIMOS LO QUE SOMOS

señora con su delantal sucio, su vestido remendado por todos lados, y con sus hijos escondiéndose en su espalda (porque nos tenían miedo) y nos decía: oigan niños, no tenemos dinero pero quisiéramos darles una charamusca a mis hijos, si les doy una gallina cuantas charamuscas nos darían, mi hermana mayor era quien hacia esos negocios o disponía de lo que debíamos hacer, ella les daba un máximo de diez charamuscas por una gallina y las personas quedaban muy agradecidas y de paso les agregaba que nos dieran tortillas y frijoles, ella no perdía tiempo a la menor oportunidad ella conseguía tortillas y frijoles para que comiéramos y es que en ese lugar todos cosechaban maíz y frijol y esos eran lo primordial para la manutención de los hijos.

Contentos al regresar con la gallina nos daban 2 colones y nosotros muy contentos porque ahí nos ganábamos un colon de lo q vendíamos a nosotros nos daban el 25% ósea de cada colon que vendíamos nos daban 25 centavos (depende del ánimo que la señora tuviere) y a veces llevábamos hasta 10 colones, cuando llegábamos a casa bien cansados y llevábamos el dinerito se lo entregábamos a mama y ella se iba a comprar para comer todos.

Hay algo aquí que yo nunca pude ni puedo comprender: ¿si mi padre trabajaba 6 días a la semana, mi hermano mayor Tiburcio trabajaba al igual que él, al mismo tiempo (en el campo), mi madre hacía mil oficios para ayudar en los gastos de la casa, nosotros vendiendo charamuscas cuatro o cinco días a la semana? Por qué pasábamos tanta hambre? Dónde estaba el problema? eso es algo que yo nunca he podido comprender.

SEGUNDO CAPÍTULO

Los incansables viajes de mi madre (la fe, en la pobreza)

Ahora quiero hablarles de los viajes de trabajo de mi madre (mamá Licha).por lo general eran los jueves y ella decía que el día jueves era el mejor día para curar de espanto (susto) a pesar de que ella curaba y hacía muchas cosas, algo que siempre dijo que la gente se curaba según su fe y muchas veces oímos comentarios de agradecimiento de personas que dijeron que casi con solo mirarla venir a ella ya se sentían mejor de sus malestares (empachos, sustos, embarazos, daño de ojos, la cabecita del bebe, etc.) wooo algunas personas no tenían como pagarle y le regalaban poquitos de maíz, poquitos de frijol, pollos o huevos, etc.

Buen empecemos en uno de esos viajes de 10 a 12 horas que mi madre hacía, ellos (mi madre y mi padre) se levantaban muy temprano, mi papá salía muy rápido para mirar la luna y predecir la hora si él consideraba que ya era hora (3 o 4 de la mañana)ella se levantaba y ponía el café, algunas veces solo cafecito, y otras veces con pan, y otras veces pupusas de frijol, primero que comieran sus hijos (nosotros) y luego si consideraba a él o ellos podían comer y llevar algunas y digo ellos porque mi hermano mayor Tiburcio desde que yo me acuerdo ya iba a trabajar con mi papa del pago no sé si le pagaban igual o menos pero él siempre iba con mi papa muy temprano, mi mamá y mi papá se sentaban a la mesa a tomar su café y platicar pero ahí y en ese momento nunca a discutir al poco rato despertaban a mi hermano (Tibursio) y dependiendo del trabajo se llevaban a mis otros hermanos más mayores (Ana, Magdalena, Israel) después que ellos se iban ella empezaba a prepararse para ella irse a ese viaje de trabajo.

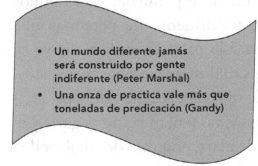

- Un mundo diferente jamás será construido por gente indiferente (Peter Marshal)
- Una onza de practica vale más que toneladas de predicación (Gandy)

Generalmente ella iba al caserío el tránsito y a unas 3 horas de nuestra casa, el camino era todo de piedras pasamos por algunas montañas, y lugares muy solos, en ese tiempo y lugar casi nunca o nunca escuchamos de: asaltos, violaciones, etc. nunca escuchamos nada de maldad pero aun así mi madre siempre se llevaba a alguno de mis hermanos y también no podía viajar muy temprano, a veces iba mi hermano Israel con ella y a veces iba yo para hacerle compañía y gracias a Dios nunca nos pasó nada…para llegar a ese lugar habían dos calles: la calle vieja y la calle nueva, la calle vieja era muy fea pues solo habían piedras y la calle nueva que era en donde debes en cuando pasaba un camión, en ese lugar había un camión grande que cada dos o tres días hacia el viaje para Santa Ana…como a las 6 o 7 de la mañana salíamos mi madre y yo camino a ese lugar que en ese tiempo se llamaba: caserío el transito unas tres horas caminando a pie, sobre aquel pedrero y los dos sin zapatos.

Y muy seguido se escuchaba los lamentos de mi madre cuando se tropezaba con las

> Donde nuestros talentos y necesidades del mundo se cruzan, allí se encuentra nuestra vocación (Aristóteles)

piedras y se sentaba a sobarse los piecitos después de un tropezón, yo me sentaba junto a ella con ganas de llorar pero ella siempre salía con alguna broma, pienso que para no hacerme sentir mal y yo en mi mente me decía que algún día esto se debe acabar, mi madre era muy enojada por eso no me atrevía a preguntarle porque éramos tan pobres, mi padre me enseñó que nuestra pobreza no estaba en los bolsillos sino en la mente pero él nunca quiso o hizo algo por salir de allí, al decir estas cosas yo no quiero que piensen que yo los culpo a ellos pues son mis padres y yo estoy muy agradecidos por todo lo que me dieron, los amo mucho a pesar que ya están en el cielo yo los llevo en mi corazón pues al final será usted querido lector quien haga su propia opinión o conclusión...

Llegábamos a aquel caserío como ya era costumbre el día jueves nos salían al encuentro algunos niños y nos decían dice mi mamá que pase a mi casa y los niños les gritaban a sus mamas ¿mamá ya llegó la niña Licha? y luego se escuchaban gritos algo así ¡María, María,.. ¿aquí está la niña Licha? quieres que pase a tú casa? Siii por favor dígamele que por favor venga que a este vicho me lo asustó la vaca de la Lupe o el caballo de Julio.. sii yo le digo de vecino en vecino se contaban que la niña Licha estaba allí o andaba por allí, mi madre a casi todas las enfermedades les encontraba cura, había varias personas que decían que con solo verlos se mejoraban y mi madre les decía que no exageraran y les puedo contar de muchos ejemplos de curaciones muy increíbles que ella hizo que yo soy testigo porque yo lo mire y más adelante les contare de algunos. También quiero contarles que había gente muy pobre que tenía enfermos a sus hijos y ni tenían dinero para pagarle y de una buena vez le decían y ella aceptaba cualquier trato como ejemplo; le pago con un pollo, un poco de maíz, o frijol o semillas de calabaza, cualquier cosa asta sino le ofrecían nada ella siempre hacia algo para curar sobre todo a los cipotes (niños).

Mi madre les daba las gracias por tenerle tanta confianza y el valor para decirle que no tenían dinero mi madre les decía por mí no se preocupe, preocúpese por su hijo ahora si quiere quedar bien conmigo regáleme un pollo y yo al llegar a mi casa les hago la sopita a mis hijos y hasta les señalaba los pollos y a veces si no sabes para dónde vas, llegaras donde no quieres estar ni eran de ellos esos pollos eran de la vecina, las señoras agarraban los pollos o pollas y las amarraban nosotros seguíamos nuestro camino y de regreso pasábamos llevando los pollos, tal vez ya no era el mismo pollo sino que ya nos lo habían cambiado por otro más flaco pero a nosotros eso no nos importaba.

Ahora hablemos de lo que cobraba, ella cobraba según la economía de las personas miraba la casa como era y preguntaba si era de ellos (en cuanto a lo económico), si tenían vacas, y les cobraba desde un peso (colon) hasta cinco colones que en la actualidad vendrían siendo como sesenta centavos de dólar.

Como ya les conté algunas personas le pagaban
con maíz, frijoles, pollos etc. lo que a mí me
incomodaba era
que muchas
mujeres a ella la
tenían como una
consejera pues
pasaban horas

> No preguntes que necesita el mundo,
> pregunta que es lo que ase cobrar
> vida al mundo y vaya a hacerlo
> porque lo que el mundo necesita es
> gente que allá cobrado vida (Turman)

contándole sus penas mi madre hasta lloraba con
ellas escuchándoles y aconsejándoles y yo con mucho
hambre y me obligaban a irme a fuera de la casa con
los demás niños a jugar y con la intención que no
escucháramos sus largas, aburridas, y tristes
problemas, pues para nosotros como niños era solo
eso pues no entendíamos nada, yo solo entendía si
nos iban a dar comida o no, pues así era el hambre
que mantenía
recuerdo que en
algunas casas más
pobres en la piedra
molían el ajonjolí
para hacernos

> si ya no aprendes
> es porque ya
> has empezado
> a morir (A.P)

horchata, mi madre hasta lloraba con ellas
escuchándolas algunas porque los esposos eran muy
borrachos o mujeriegos etc. y al final las mujeres
terminaban diciéndole: oiga niña Licha que bonito le
salió este niño mire es zarco (que tiene ojos de color)
es muy diferente a los demás pero mi madre les decía

que, yo no sé Dios hace a los niños como él quiere no como usted o yo los deseo, habían personas que la mandaban a llamar solo para darle las gracias por que su hijo o hija se había curado y le regalaban cosas como: maíz, frijol etc.

Algunas veces que para llegar por lo menos a la mitad del cantón. Pasábamos a escondidas en las primeras casas y algunas veces teníamos que regresar el día viernes y las personas le preguntaban si se podía curar ese día y mi madre les decía que si lo más importante era si tienen fe y si tenían fe se miraba en los resultados, luego no podíamos permitir que nos llegara la noche pues el camino era muy obscuro y solo y a veces dejábamos a personas que nos rogaban que fuéramos a su casa pues su hijo o hija estaba muy enfermo, y luego teníamos que regresar llevando las cosas que nos habían regalado, a veces por la calle o camino encontrábamos algunos montes que se comían y también los llevamos, a veces no llevamos nada pero en el camino le robábamos unos dos elotes cada uno o unos ayotes (calabazas), pepinos o tomates pero a la casa siempre llevamos algo, a veces veníamos de regreso y pasábamos a mirar algún enfermo y mi madre ya muy de prisa le recetaba algo o le decía que regresaría el próximo día para que no nos entretuvieran mucho y poder seguir pues ya se aproximaba la noche lo bueno era que de regreso el camino era cuesta abajo aunque sea de rodadas llegábamos a la casa, no sé cómo ni porque pero mi madre les hacía tomas y remedios caseros y la gente se curaba a veces me parecía que mi madre se inventaba los remedios pero pienso que en realidad era la fe de aquellas personas la que les curaba.

A veces mi padre y mis hermanos iban al encuentro o nos esperaban para ayudarnos con las cosas que llevamos.

- Todo cambia cuando tu cambias (A.P)
- La verdad es el único piso seguro sobre el cual te debes parar (Elizabeth Cady Stanton)
- El compromiso es un acto no una palabra
- Si crees que puedes o piensas que no puedes, tienes razón en ambas cosas (Henrry Ford)

Cuando llagamos a casa como mi madre no había estado no habían muchas esperanzas de algo de comer pero mi madre descansaba unos minutos y luego ponía café o se inventaba algo para comer y así nos enseñaron a comer tortillas con café y para esa hora ya era de noche y digo que ya era de noche porque muy seguramente traemos dinero en efectivo, pero ya las tiendas ya habían cerrado, ósea que no podían comprar nada pero nosotros deleitábamos comer tortillas tostadas con café o algunas veces elotes asados con café o a veces le regalaban pedazos de queso mi madre siempre usaba su delantal y lo traía lleno de cosas pues tenía varias bolsas y en una traía queso, en otra su dinerito, en la otra unas huevos, tomates, etc. cuando veníamos un poquito más temprano por allá en medio de la cuesta nos sentábamos a descansar un rato, debajo de un árbol mi madre me decía siéntese hijo descansemos un ratito a veces no me decía pero tal vez era porque se había tropezado otra vez y solo quería sobarse sus deditos, cuando yo me tropezaba yo no sabía fingir nada yo hasta lloraba y no sé si lloraba por el dolor o porque ya empezaba a entender lo que pasaba.

Eso de los tropezones ya se había hecho, muy común en nosotros a veces nos tropezamos y solo nos  bastaba con decir una mala palabra y ya pasó.

Yo cuando estaba solo yo…lloraba de decepción y es que llegó un tiempo que a mí ya me gustaban las muchachas y yo aún no tenía zapatos y yo iba a la iglesia y muchas jóvenes se me acercaban pero yo en mi condición no me atrevía pero de eso hablaremos después.

Ahora quiero hablarles de una de tantas curaciones que mi madre hizo, fuimos a el caserío el transito un día martes directo a visitar al señor dueño del único carro que allí existía él estaba empachado y mi madre le sobo el estómago le cobro cinco colones pues él tenía un camión muy grande de carga y ganado y de regreso a casa nos fuimos por la calle nueva en realidad de nueva no tenía nada, porque estaban igual o peor las dos calles una estaba muy mal y la otra estaba peor pasamos por un caserío que está muy pegado a el transito se llama tejeras, cuando íbamos caminando vimos un niño como de unos seis a ocho años mi madre lo miro varias veces y me dijo: este niño si no hacemos algo muy pronto va a morir mi madre me pregunto ¿lo curamos? yo asustado por lo que ella había dicho no podía hablar ella me tomó de la mano y me dio una nalgada pero buena y pude decir que si

Mi madre llamó al niño pues nos tenía miedo, el niño llegó hacia ella, ahora déjenme describir a el niño: tenía su estomaguito hinchado como si fuera embarazo, su color era amarillo, sus ojos muy hundidos, tenía muchos problemas para hablar, hacía como si quería vomitar, etc. mi madre le dijo llévame con tu mamá, el niño le tomó la mano y nos llevó a una casita muy pobre donde tenían una niña en igual condición pero la niña ya no podía caminar, mi madre preguntó ¿quién es la mamá de este niño? yo dijo una señora que estaba dentro de la casa como si se estuviera escondiendo, mi madre le dijo ¿pues salga? La señora dijo ¿hay Dios la niña Licha está aquí? y mi madre empezó a regañarla porque estaban los niños así y mi madre pregunto dónde está el padre de estos niños, la señora volteó hacia la milpa que estaba allí y pegó un grito muy fuerte así...Chano, Chano, allá en el fondo de la ladera o barranca un hombre dijo ¿Qué, por qué tantos gritos vos, que estás loca? la señora dijo aquí está la niña Licha y dice que vengas pero yaaa.

Desde el fondo del barranco o ladera mirábamos un sombrero muy roto que venía hacia arriba, hasta que llegó y  dijo muy buenos días niña Lichita se quitó el sombrero, selo puso en su pecho y nos saludó y mi mamá empezó a regañarlo porque los niños están así él, dijo: pues mire, yo me voy a trabajar, yo de hijos no sé nada, después de unos minutos de regaños mi madre le dijo: vaya al monte y me trae estas hojas o cojollos, el solo dijo: si señora será como usted dijo, el señor casi a la carrera se fue para la ladera a traer lo que le habían pedido, la señora me dijo usted niño siéntese aquí tan pronto vino aquel hombre y mi

madre preparó la medicina y se las dio a tomar mi
madre le pidió a el que no se fuera porque iba a ser
muy difícil lo que iba a pasar y tal vez la niña no
aguantara y se nos podía morir, les quitaron toda su
ropa incluyendo la ropa interior al cabo de algunos
momentos la niña empezó a llorar y su estómago se
movía, como si fuera un embarazo la niña se empezó
a revolcarse al cabo de unos minutos empezaron a
salir del estómago de aquellos niños lombrices, que
parecían pequeñas serpientes blancas muchas por la
nariz, por su boca, y por otras partes que no voy a
mencionar, la señora tenía a la niña y el señor tenía
a el niño mientras mi madre hacía un fuego y todo
lo que les salía a los niños lo iba echando en él.

Allí nos
estuvimos
casi todo el día
y mi madre
oraba para
que la niña
resistiera, los
dos niños
se quedaron
como muertos por un lapso de media hora, y luego
el niño se empezó a mover, no podía pararse, lo
sentaron, la niña no reaccionaba, el papá empezó a
llorar, la mamá empezó a llorar y empezó a decirla
a mi madre que hiciera algo, mi madre la tomó,

le puso el pecho de la niña sobre sus piernas y le empezó a masajear la espalda, estaba como ahorcada luego, empezó a darle palmadas despacio y como no reaccionaba mi madre algo enojada le pegó duro y la niña empezó a llorar, les aseguro que el padre ya había empezado derramar lágrimas y provocando sus mejores oraciones temiendo lo peor, eso fue como salido de una película de terror.

Ahora entiendo porque siempre que ella hacía alguna curación nos llevaban lo más lejos posible o donde ya no pudiéramos mirar, a eso hay que agregarle que los niños son curiosos.

TERCER CAPÍTULO
Mi Adolescencia

Bueno ahora les quiero hablarles de mi adolescencia, quiero hablarles de mi abuelo o tal vez mas de la familia de mi madre, de mi padre conocimos muy poca familia pues yo recuerdo que conocimos solo a una tía llamada Isabel (mi tía Chabela) y a su familia.

Aún recuerdo aquellos incansables viajes que hacíamos desde San Isidro Lempa (donde vivíamos) hasta el cantón la Isla en la jurisdicción de Metapán de Santa Ana.

En la mitad del camino vivía mi tia Chabela y algunas veces pasábamos a visitarla. ella era muy cariñosa, educada, pero sobre todo ordenada, ella siempre tenía una taza de café calientito para cualquier persona que pasara a visitarla, ellos eran muy pobres vivían los tres mi tia Chabela, don pilar su esposo, y la prima luz. Ellos vivían en el cantón San Francisco de Apanta un lugar muy bonito donde creció mi padre, tienen un nacimiento de agua muy grande y muy cristalino, había en el lugar un camión que era el que hacia un solo viaje para la nueva concepción de Chalatenango.

Aún recuerdo las bellas convivencias de jóvenes cristianos que allí vivimos en la montaña, frente a el nacimiento de agua llamado: el chorrón, aquel bello compartir no solo de experiencias sino de algo de comer, allí había mucha fruta.

Y pensar que nuestro abuelo algún día fue dueño de esas tierras, eso fue lo que mi padre nos contaba a sus hijos, mi padre se llamaba: Pablo Castaneda y en ese lugar los Castaneda, fueron los más ricos de por esa zona, tenían muchos terrenos, muy ricos en montañas de frutas y verduras, de los árboles que más se miraban, estaban los aguacates, bananas, naranjos, etc. mucha de esas frutas a veces hasta se arruinaban, mi abuelo varias veces nos envió a comprar verduras allí y eso fue en pleno verano ósea en el tiempo en donde no se cultiva, excepto en las partes donde hay mucha agua pienso que estaba a unas cuatro horas a pie, nos enviaba a tres primos juntos.

Y mejor nos vamos para la isla ya...

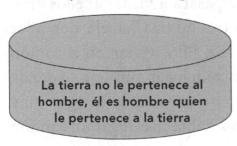

La tierra no le pertenece al hombre, él es hombre quien le pertenece a la tierra

El cantón la Isla es: el lugar donde vivía el único abuelo que conocimos y digo conocimos porque ya murió (que Dios en gloria me lo tenga) y toda la familia por parte de mi madre, todos pertenecían a la misma familia (Pacheco) era una muy larga caminata unas

10 a 12 horas de camino a pie por veredas, montañas, ríos, etc. y a eso la agregábamos que nosotros íbamos sin zapatos, pero eso era algo que a nosotros no nos importaba nos gustaba mucho sobre todo en el verano y más aún si ya se acercaba la semana santa, por todos esos caminos íbamos buscando mangos, jocotes, piñas, (frutas) íbamos tirándoles piedras a los pájaros, cantando, gritando, pasábamos tres o cuatro ríos y en todos nos bañábamos el problema era que si nos confiábamos mucho se nos Asia noche por el camino y si llegábamos muy noche ya no había cena pues como todos eran de una sola familia donde quiera que llegábamos nos daban comida y éramos de la familia pues eso de dar comida era un habito de todos, a quien llegaba lo ponían a comer aunque no lo conocieran.

Entre las cosas que más nos gustaban de ese lugar era que el río estaba muy cerca y casi siempre estábamos allí en el río con nuestros primos, tíos, tías, etc. y muchas veces a medianoche nos íbamos para el río a pescar, con quien más asíamos eso era con los hijos de mi padrino pancho la casa de él estaba como a unos 300 metros del agua y muy noche nos íbamos a pescar con las puras manos y agarrábamos lo suficiente para ir a cenar o quizás a desayunar pues no sé qué horas serian seriamos unos diez incluyendo mi padrino que era el primero o el de adelante.

El río es pequeño solo crece en pleno invierno por eso pensábamos que era inofensivo, regresábamos con el pescado y a esa hora las mujeres empezaban a

> Mientras sigamos siendo víctimas de nuestras circunstancias veremos la vida como una lucha y a los demás como una amenaza

lavar el nixtamal (maíz) y en un molino de mano asíamos la masa, hasta nos peleábamos por darle vuelta al maneral del molino que muele el maíz y ase masa, otros asando el pescado, y otros asiendo el café, mi madrina no se complicaba ella Asia su propio café, ella cuando se acababa el café ella ponía maíz a tostar lo dejaba medio quemado y le ponía canela y en el mismo molino ponía a un cipote a que lo moliera.

Recuerdo que en semana santa mi madrina y todas las mujeres de ese lugar hacían pan, mi madrina siempre hacia mucho pan, ella decía que mejor que sobre y no que falte y a toda persona que iba pasando le regalaban pan, la jarrilla de hacer café nunca estaba vacía, mi madrina nos decía que no debíamos pedir permiso que si quieres café o pan solo que lo tomaras, pero no aceptaba que desperdiciáramos nada.

En los días de semana santa miércoles, jueves y viernes no se nos permitía: correr, jugar con cosas pesadas, decir malas palabras, no ir hacer trabajos duros, etc.

Ellos eran pobres, pero siempre había allí un plato de comida para todos incluyendo las visitas aunque no fueran conocidos.

La Isla era un lugar mágico para nosotros, podíamos andar a toda hora de la noche, y nunca nos pasó nada, y nunca miramos nada malo y conste que era en el tiempo de la guerra civil, recuerdo que siempre el punto de reunión para todo era el río.

Aún recuerdo que pasábamos semanas o quizás meces allá en la Isla viviendo como perritos sin casa, una semana donde un tío, otros días donde otro tío, otros días donde el abuelo y así, y eso nos encantaba.

Mi tía Cirila vivía tan cerca del río que el agua casi llegaba a las camas, nos gustaba ir a jugar futbol con los hijos de mi tía porque a la par de su casa estaba un predio grande de pura arena y cuando asíamos la fiesta de cada gol nos tirábamos al agua, luego allí había muchos árboles de frutas, muchos árboles de mangos, jocotes, guayaba, etc.

En esta vida todos somos vendedores

No nos gustaba estar mucho tiempo allí pues yo le tenía mucho miedo a el padre de esos primos se llama Paco y siempre andaba borracho y decía palabrotas, no con la intención de ofender pero aun así yo le tenía miedo.

También algo que me gustaba era que a veces íbamos a otros caseríos por la noche a las fiestas de todo tipo, cumpleaños, casamientos, cultos evangélicos.

Allí tienen una muy bonita tradición que en el mes de mayo traen una virgen llamada virgen de la Asunción y a las personas que les ha cumplido un milagro le hacen una fiesta y cada noche la llevan de casa en casa.

> Que estúpido es que: por no tener lo que quiero no disfruto lo que tengo (Jeremiah Burrogs)

Una noche en cada casa que llegaba le hacían sus no sé cuántos rosarios, le cantaban, era como una vigilia y a eso le llaman o llamaban: velorios lo hacen todos les meces de mayo dicen que lo hacen después que han recibido el milagro por el cual ella había intercedido ante nuestro Dios, entre tantos de los milagros que le atribuyen, el milagro de todos: dicen que hace mucho tiempo vino una empresa constructora de casa en casa, diciéndoles a los lugareños que debían desalojar esas tierras porque allí se estaba ya construyendo una represa hidro eléctrica la cual proveería de energía eléctrica a la ciudad de Santa Ana, Metapán y parte de el gran San Salvador, que incluiría la destrucción de sus terrenos, y claro que la compañía les iba a pagar por esos terrenos y eso incluiría a los lugares circunvecinos, entre algunos; el caserío el ahogado, caserío San José, caserío La Junta, caserío El Llano, entre otros, muchos se reunieron para buscar otras alternativas pero por más que le buscaron no encontraron, luego los católicos que en ese tiempo eran la gran mayoría de la zona empezaron a difundir que la virgen de la Asunción era la única quien podría interceder por ellos ante nuestro padre Dios y detener dicha catástrofe y a cambio de eso le ofrecieron esas fiestas llamadas: Velorios.

Entre estas personas estaban mis Bis - abuelos, mis abuelos, tal vez algún tío, (todos por parte de mi madre) y todas las comunidades afectadas, y también mucha oración.

Cuentan los lugareños que muy pronto empezó a llegar maquinaria pesada a empezar a trabajar, dicen que fueron muy pocos los días que pudieron trabajar bien y que muy pronto empezó la maquinaria a fallar y nadie se explicaba que pasaba, dicen que los equipos de topografía al cabo de algunos días seles empezaron los números a fallar, a no cuadrar, y que las medidas del día anterior eran ridículas, seles perdían las herramientas, luego llego un grupo de abejas y los acoso por dos o tres días, dicen que lo que los albañiles hacían el siguiente día estaba mal o destruido, dicen que eso se volvió un desastre, dicen que después de varios intentos fallidos decidieron abandonar el proyecto.

Mi hermano José (Chepe) el mayor de todos, le tenía mucha fe a esa virgencita, el vino muchas veces a usa y  él decía que no podía salir del salvador sin antes hacerle la promesa a la virgencita y el siempre paso sin tener ningún problema y vino varias veces y él fue el que nos ayudó a nosotros a llegar aquí, bueno son cosas de la fe que yo no sé cómo explicarlas y es que era tan bonito ir esas fiestas, en realidad nosotros íbamos por dos objetivos, uno por la comida y el más importante era por las muchachas, pues en ese tiempo nos conformábamos con solo mirarlas aunque sea de lejitos, a veces hablarles unas pocas palabras pues los padres de ellas decían ser muy enojados y en mi caso pues yo todavía andaba sin zapatos y de esa forma no podía tener novia.

Recuerdo de una oración que nos inventamos que decía algo así: Santa María madre de Dios si todavía hay tamales tráigame otros dos, otra era preguntarnos. De qué color son tus zapatos, y todos respondíamos café (en voz alta) en realidad estábamos pidiendo que nos dieran café era la única bebida que nos daban, aunque no faltaba el metiche que decía, pan, éramos jóvenes y solo queríamos divertirnos.

Dentro de la imagen: Cuestionar todo debería ser obligatorio para todos (a.p)

Quiero contarles que a veces mis primos me prestaban sus zapatos para que fuéramos a los velorios también los hermanos de mi cuñada Catalina, una vez me prestaron un par de botas de cuero, yo me sentía muy grande y me las miraba y teníamos que pasar el río del otro lado del río un primo me miró y me dijo: primo por qué se pone las botas así, yo le dije: así como primo, él me dijo: pues al revés, yo le dije: lo que pasa es que me quedan flojas y así me quedan más socadas pero él me convenció de que me las cambiará y entonces ya pude caminar muy bien, el siguiente día cuando estuve solo me dio mucha risa, tan grande y no sabía ponerme los zapatos.

Estas tradiciones eran o san muy bonitas y cuanto las extraño, otra tradición que me gustaba mucho era las posadas, me gustaba que íbamos de casa en casa cantando junto a las muchachas y al final de la posada nos daban café con pan u horchata con pan y después nos quedábamos echando relajo y otros cantando, yo creo que quizás solo yo andaba sin zapatos pero eso a mí no me importaba.

> Nunca hagas algo porque tienes que hacerlo, debes hacer, lo que tengas que hacer porque estas convencido que debes hacerlo

Quiero contarles una breve historia un día un primo me invitó que lo acompañara a la casa de su novia, él ya tenía permiso para llegar a ver a su novia a la casa y sus padres de ella eran muy contentos llegamos y la madre de su novia nos preparó cena, mi primo se sentó en la hamaca, la cual estaba junto a la mesa donde cenaríamos, (la única mesa, y la única hamaca)el primo se paró con la hamaca en la espalda o quizás sentado o no sé porque yo estaba un poco lejos hablando con el padre de la muchacha, de presto oímos un ruido algo se cayó, mi primo se cayó, se meció en la hamaca y se pasó llevando toda la mesa incluyendo a la suegra y ya estaba servida la mesa, yo cuando miré que la señora estaba tirada, no miré ni el cerco donde pase corriendo de la vergüenza, tanto corrí yo que hasta el llegó primero a su casa y nunca regresamos a esa casa, los suegros a él lo querían mucho pero allí se le acabo todo.

El tiempo se nos va como el agua entre los dedos y ya no vuelve, quienes emplean el tiempo sabiamente desde la edad temprana tienen la recompensa de una vida plena, productiva, y satisfactoria

Yo creo que él, hasta a mi seme esconde por la vergüenza y entre su madre, los hermanos y yo lo convencimos que se tranquilizara, con este primo tuve varias aventuras antes de esta, como jóvenes, en otra ocasión me invitó a ir a robar elotes, yo llevé un saco y el un machete eran como las seis de la tarde, ellos tenían mucha milpa (mis tíos) solo queríamos una aventura más y sí que la tuvimos, a la par de la milpa había mucho ganado (vacas) entramos a la milpa muy despacio empezamos a cortar elotes muy despacito, de pronto un grito ¡¡ya los vierooon!!!, por el otro lado dicen ¡noo y ustedes! el primo me dice que me esconda, luego otro ¡grito aquí esta uno!, el primo me dice: ya me vieron, por otro lado gritan ¡aquí está el otro! me dijo corra primo, y salimos corriendo yo perdí el saco y el perdió el machete.

Llegamos a la casa mi tía nos preguntó que pasaba, nosotros le contamos lo que

- Si no tienes el control de tu tiempo nunca podrás controlar tu vida
- Nuestro último acto de libertad es: negar que somos libres

había sucedido y ella se enojó tanto pero antes se puso a reír y nos contó que eran otros primos que andaban buscando los bueyes para hacer unos viajes con la carreta el siguiente día y nosotros creímos que a nosotros nos habían encontrado por eso yo no entendía porque ellos corrían en sentido contrario a nosotros, ellos nunca se dieron cuenta que fuimos nosotros y la milpa no era de ellos ni las vacas menos los bueyes, a él, lo castigaron, a mí la tía me quería castigar pero el tío le dijo que yo era más pequeño y que no era hijo de ellos que podían tener problemas, pero estuvo a punto de arrancarme la oreja después de un par de nalgadas que me pegó, y conste que no me castigó, (según ella).

En otra ocasión, un primo me invito a un velorio él quería ir porque su novia y su familia ya se habían ido y el detalle era que el lugar de el velorio era lejos, se llama: caserío la bolsa, y de regreso estaría muy obscuro la esperanza era que la familia de la novia del primo fueron en carro y que de regreso los pediríamos que nos llevan de regreso.

Creímos que por estar lejos no iría mucha gente, llegamos y wooo que bonito mucha gente, mucha comida, muchos amigos, muchas muchachas, muchos jóvenes de todas las edades, colores y sabores, y casi todos nos preguntábamos de dónde eres, (en ese tiempo nos preguntábamos de dónde eres no por hacer divisiones como sucedió después con las maras no) yo les decía que era de la Isla y ellos no me creen me decía que yo era un poco diferente era muy bromista y muy respetuoso a la vez y me decían que yo era un poco diferente y yo les decía gracias y conste que hoy no me bañe y los hacía reír, al primo y a mi senos olvido el transporte y todo el tiempo senos fue volando y cuando quisimos buscar el carro ya no estaban, se habían ido woo, que decepción mi primo me mira y se pone a reír yo le digo nos vamos ya, él dice otro rato, ok, sería como la 1 am y seguimos allí echando bromas, cuando de presto me acorde de regresar, serian como a las 3 am, le digo primo mire que hora es, casi corriendo salimos de aquel lugar y el problema que estaba muy obscuro y teníamos que pasar por un rio y quitarse la ropa, pero allí nos tiramos así, no llevamos lámpara, por ratos nos tomábamos de las manos porque no se miraba nada, por ratos nos hablamos para saber donde iba el otro, luego empezó a llover y pasando por potreros, montañas, ríos, veredas etc. como a las 5 am llegamos, íbamos cansados, desvelados, mojados, amolados, etc. todos dormidos, todo en silencio yo me acosté en la hamaca y a las 6 de la mañana nos estaban levantando para ir a trabajar.

Ahora estoy convencido que todo eso valió la pena ser joven. Recuerdo que allí tenían muchos mitos, me decían que allí salía la siguanaba, el cipitio, el cadejo, entre otros (cosas para normales) y me decían que no saliera de noche que me iban asustar, yo pasaba por esos lugares muy de noche y nunca logre ver u oír algo anormal mucha gente me aseguraba y me juraban que habían visto cosas y oído cosas o quizás arriesgue más de lo debido, solo esos grandes viajes a pie de 10 a 14 horas desde San Isidro Lempa l.l. hasta la isla de Santa Ana, tocábamos tres departamentos, a pie y yo sin zapatos, y a eso debemos agregarle que era época de la Guerra Civil que vivíamos y también pasábamos por dos ciudades que se llamaban Nueva Concepción en Chalatenango y Santa Rosa Guachipilín de Santa Ana, de Nueva Concepción para allá era cuesta arriba y era calle grande muy pedregosa yo allí me iba por las orillas pues esas piedras chiquitas me molestaban mis pies y yo sin zapatos.

Nosotros caminamos muchas veces esos caminos y yo no recuerdo haber visto nunca un soldado o un guerrillero y algunas veces me iba yo solito.

> Uno nunca debe conformarse a arrastrarse cuando siente el impulso a volar alto. La vida es una gran aventura o no es nada. (Helen Keler)

Ahora quisiera hablarles de un poco de mi abuelo, se llamaba: Octaviano Pacheco y le decíamos el abuelo Tabo él era muy tacaño, siempre quejándose que no tenía dinero, que era muy pobre y que la situación estaba muy jodida, él ha sido la persona más tacaña que yo allá conocido, muchas veces lo visite y nunca me regalo un centavo, la señora que vivía con él no era mi abuela, y se llamaba Socorro y le decíamos Collo, (la abuela no la conocimos) a la Collo a veces le daba pena que nosotros les visitáramos porque decía que no tenía nada para darnos (y no porque no tuvieran sino porque él era muy tacaño) pero nosotros le reprochábamos que no que nosotros solo queríamos ver a el abuelo pero como allí tenían la costumbre de dar de comer a la visita sin importar la hora y ellos comían solo tortilla con frijoles pues eso era lo que mi abuelo cosechaba, si ella compraba un pedacito de queso tenía que andarlo escondiendo porque él se enojaba y peleaba porque decía que eran gastos innecesarios, decía gente inconforme, acostúmbrense, para eso tenemos frijoles la collo se reílla contándonos a espaldas de él.

Una vez llegamos a visitarlos, era el quince de septiembre (fiesta de independencia de El Salvador) íbamos mi madre, mi hermana Ana, y el novio de Ana (Luis) y por primera vez habían hecho tamales y la señora Collo muy contenta porque a ella le gustaba que nosotros llegáramos para platicar a ella le gustaba que la escucháramos y ella muy contenta empezó a sacar tamales, y coman mucha (frase muy popular en ese lugar) pero cual fue nuestra sorpresa y su pena que, mi abuelo solo había comprado patas y cabezas de pollo para los tamales y mi hermana andaba luciendo su novio y le va saliendo la gran pata de pollo y la collo nos dice disculpen, pero Tabo solo de estas cosas compro para los tamales, y nosotros diciéndole que no se preocupara que son cosas que pasan y la más apenada era mi hermana pues ella se sentía muy grande presumiendo a su novio, allí había más primos comiendo y vieran que relajo hicimos, agarrábamos las patas de pollo y saludábamos a los demás diciendo: que tal, como esta.

La vida no es para mí como una vela que se apaga, es más bien una antorcha que sostengo en mis manos durante un momento y que quiero que arda con la máxima claridad posible antes de entregarla a futuras generaciones (George Bernar Shaw)

Donde mi abuelo nunca compraron azúcar para el café, no así se tomaba, si llegaba una visita de lejos la collo de escondidas sacaba el poquito de azúcar en una bolsita y solo una cucharadita, para que dure, ya cuando estábamos solos los nietos nos reímos de las cosas que en su casa pasaban y todos los nietos intentando adivinar donde escondía el dinero el abuelo porque decían que mi abuelo tenía mucho dinero y tenía mucha razón, el abuelo cosechaba maíz y frijol y lo vendía y el no gastaba nada, mi abuelo nunca compro unos zapatos, mi abuelo siempre se hizo sus propios zapatos de llantas de carro, (caites) el problema que en ese tiempo y en ese lugar casi no habían carros.

Me contaba mi padre que una vez él fue ayudarle a trabajar ala milpa y dice que ellos llevaban la comida y dice que todos los días solo tortillas con frijoles y decía mi padre que al pasar los días él se aburrió de solo esa comida dice que el sometió a una casa y compro un pedacito de queso y que lo regaño tanto que casi lo golpeaba ósea muy enojado, nosotros solo conocimos un solo abuelo, no conocimos ni una abuela.

En la Isla solo pasaba un solo carro que hacía viajes para el pueblo más cercano que es Metapán por la

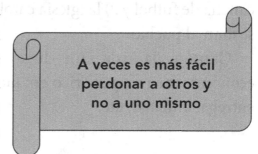

A veces es más fácil perdonar a otros y no a uno mismo

mañana como a las seis de la mañana pasaba para el pueblo si te dejaba ya te fregaste y de regreso lo mismo eran como tres o más horas de a pie, ese bendito carro llevaba de todo desde gallinas, maíz, frijol, abonos, semillas, personas, herramientas, muchachos enfermos para el hospital etc. algunos le decían el carro de los chismes, porque ya se han de imaginar aquellas largas platicas que allí se mostraban, pasaba por muchos caseríos, pasaba por unos grandes barrancos altos y muy feos, los fines de semana eso era feo viajar allí, cuando llegábamos íbamos bien mallugados y mi padre me decía:

Váyase a la par de alguna muchacha mi hijo, y yo ni siquiera entendía porque, y es que ese pobre carro pasaba por unos lugares bien difíciles y luego algunas familias llevaban para la semana.

Por las tardes los niños se iban corriendo detrás de los carros intentando subirse.

En ese lugar solo había dos pasatiempos: 1) la cancha de futbol y 2) la iglesia católica y claro los que se iban al pueblo.

Cantón la isla un lugar mágico, pobre económicamente, pero rico en: humildad, sencillez, entrega, amistad, etc.

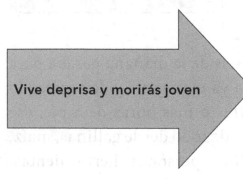

Vive deprisa y morirás joven

Anécdota: los tacos (zapatos) de football que usaba Israel pero que son de Tiburcio.

Hola les quiero contar una anécdota que involucra a algunos de mis hermanos.

Mi hermano Israel es muy bueno para jugar football, pero tiene un gran problema no tiene o tenía zapatos (p/ footboll) no sé cómo lo ase pero el aun así juega football. Y juega con la selección de la escuela, allí solo juegan los mejores, un día a Tibursio la regalaron un par de zapatos de football. (a Tibursio también lo gusta jugar football. Pero el no es muy bueno) Tibursio como era el más mayor de todos debía ir a trabajar y así lo hacía e Israel y los hermanos menores debíamos ir a la escuela, como padre y mi hermano Tibursio se iban primero a su trabajo y luego nosotros a la escuela Israel miraba donde estaban los zapatos de football. Y escondidos en una bolsa negra se los lleva a la escuela un día la hermana menor miro lo que Israel hacia y cuando Tiburcio vino de trabajar ella le contó lo que había mirado, se pelearon mucho hasta que mi madre los castigo a los dos y Tiburcio opto por esconder los zapatos antes de irse a trabajar pero Israel se escondía para mirar donde los ponía nota: Tiburcio no le prestaba los tacos o zapatos de football a nadie ni a su propio hermano.

Entonces Israel siempre celos encontraba y se los llevaba a la escuela pasado el partido o entreno (practica) se regresaba para la casa a poner los zapatos donde estaban y como estaban con la intención que

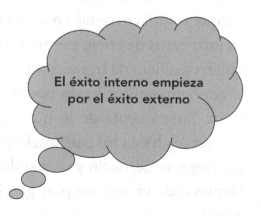

El éxito interno empieza por el éxito externo

Tiburcio no se diera cuenta de lo que estaba pasando y al parecer que esos zapatos son muy buenos. Pues ya llevan varios meces dándoles doble uso y no se acaban que lástima que a mí no me quedan de lo contrario yo también estaría haciendo cola para ver a qué horas me toca a mí.

Luego llego un día en que a mi hermano Israel se le olvido venir temprano a dejar los zapatos y quien vino más temprano fue Tibursio, cuando venían de trabajar pasaban por la cancha de football. Y Tibursio encontró otro pretexto más para llegar más rápido a la casa ese día sobre todo porque miro a Israel jugando, alguien le dijo a Israel que Tibursio había pasado allí pero creo que fue muy tarde y cuando llegó Israel a la casa se armó el reventón, empezaron a discutir mi madre se quedó callada por un buen rato solo escuchándolos luego mi madre tomo un lazo y empezó a repartir después no sé qué paso porque yo salí corriendo pues yo sabía que mi madre en esos casos de enojo perdía el control y golpeaba a quien estuviera de frente, parecía como si ella perdía el conocimiento y hasta podía matar una persona y sin darse cuenta de lo que había hecho, en esos momentos hasta mi padre sele corría, al cabo de un rato regrese despacio y deseando traer algo de color blanco ósea en son de paz, gracias a Dios ya había pasado.

Por algunos días esos zapatos permanecieron ocultos, pero yo sé que a Israel le ganaría el deseo de encontrarlos y así fue al cabo de algunos días y más con cuidado Israel empezó otra vez a llevarlos a la escuela.

Mi madre lo descubrió pero no lo castigo solo le pidió que hiciera paciencia y que al nomas tener ella un dinerito le compraría unos, mientras ellos hablaban yo mire a mi madre y a mí no me dijo nada solo agacho su cabecita como diciendo lo siento mi hijo, yo cuando estuve solo una vez más me puse a llorar (de esto ya hemos hablado antes) de mi deseo por tener zapatos.

Unos días después vinieron a jugar football de otra escuela en contra de la nuestra.

Israel quería jugar pues era parte del equipo pero trae el mismo problema de siempre no tiene zapatos, él juega muy bien sin zapatos también pero en estos casos no se lo permiten, él sabe perfectamente donde están los zapatos de football de Tibursio pero mamá ya sospecha lo que está pasando, un día antes Israel estuvo rogando a Tibursio que le prestara los zaparos pero no lo pudo lograr, pienso que Tibursio lo que quiere es que esos zapatos no se le acaben rápido pues él sabe que no le es fácil conseguir mas y aún recuerda el castigo o los castigos que por esos zapatos ha logrado yo como juego futbol se lo que Israel siente y sé que de alguna forma lo lograra.

Ya se podrán imaginar aquel muchacho mirando y suspirando y volviendo a mirar hacia aquel lugar donde están los zapatos.

Es allí donde aparece nuestra única y super poderosa madre casi con lágrimas en sus ojos llama a Israel y empiezan a hablar (pienso que hacen un buen y justo trato) a mí no me dejaron escuchar el trato pero mi madre me amenazo con castigarme si yo contaba lo que en ese momento había mirado.

Wooo Israel lo logró, mi hermano iba muy contento porque llevaba los zapatos y yo iba muy contento y no sé porque, tal vez por mirar a mi hermano muy contento.

Empezó el partido (juego) de football, mi hermano Israel está jugando, y el resto de la escuela estamos apoyándolos desde fuera, ya se imaginarán todos esos jóvenes de ambos sexos gritando, cantando, bailando, etc. ósea un relajo completo, y de la fiesta en la que termina esto vamos a hablar más adelante.

Termina el primer tiempo, vamos ganando 2 a 1 el otro equipo es muy fuerte, pero parece que ya los tenemos, aunque no se debe cantar victoria antes de tenerla yo creo que les vamos a ganar lo mejor que nos estamos divirtiendo mucho.

Ojo que después empieza el baile.

Dicen que Tibursio ya se dio cuenta de lo que está pasando, la señora que fue a dejarles la comida les conto, bueno pero él está trabajando y no se puede venir o al menos eso creo.

Pues no, no fue así Tibursio se vino del trabajo y viene muy rápido Tibursio llego como a la mitad del segundo tiempo llego a la cancha y miro sus zapatos de football que corrían de un lado hacia otro, miro que sus zapatos  estaban haciendo goles, vamos ganando 3 a 1 y muy furioso empezó a gritar, también todos pensábamos que le estaría echando porras a Israel pero en realidad le decía que debía entregarle los zapatos en ese mismo momento y si no lo hacía no serían validos los goles que el pudiera hacer y Tibursio también empezó a correr de un lado al otro en la parte de afuera y decía:

¿Israel dame los tacos, son míos? Y le decía que al salir lo iba a golpear, Un grupo de profesores fueron a donde él estaba a tratar de calmarlo entre ellos estaba el profesor que le había regalado los zapatos a Tiburcio no sé cómo ni porque, pero perdimos el partido nos ganaron 5 a 3

Las personas que estudian a los demás son sabios, quien se estudia así mismo es más sabio

Una sola persona nos bajó nuestra autoestima. Una vez más queda comprobado que en los deportes la moral es de vital importancia.

Ok ahora empieza lo más bueno, el director de escuela (Felipe Vaquiz) trae su grabadora ponía música y a bailar.

La grabadora con la que asíamos las fiestas necesitaba 12 baterías y se le ponía casets no le dábamos mucho volumen para que las baterías no se le acabaran muy pronto, y cuando se terminaban las poníamos al sol, con eso se recargaban otro poquito y podíamos bailar otros quince minutos más mientras tanto el profe. Asignaba alguien para que hiciera la coperacha (cooperar con dinero) para comprar baterías nuevas.

Las muchachas más grandes asían horchata (agua de horchata) y dela misma coperacha sacaban dinero para comprar pan.

Yo en el baile solo me limitaba a mirar un poquito de lejos pues no bailaba aunque debo confesar que me moría de ganas por sacar a una muchacha a bailar, pero de momento me recordaba que andaba sin zapatos y me parecía suficiente pretexto para tener mucha pena y mejor me alejaba un poquito más, no lo voy a negar que en más de una ocasión alguna muchacha talvez por lastima me invito a bailar algo que en aquel tiempo no era normal (que una chica te invitara a bailar) pero yo inmediatamente respondía que no sabía hacerlo, que no me gustaba, etc. pero por dentro deseaba hacerlo, anhelaba, moría por bailar, deseaba ser un niño normal pero mi condición de extrema pobreza no me lo permitía.

Un día se nos presentó una muy buena oportunidad de la cual quiero hablarles.

Nos invitaron a ser parte de una cooperativa y a c e p t a m o s todo se miraba muy bonito, mi padre empezó el proceso y fue

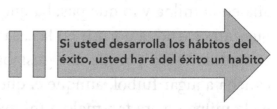

Si usted desarrolla los hábitos del éxito, usted hará del éxito un habito

aceptado, él se comprometió a cultivar tres manzanas de tierra, él se sentía muy confiado pues tenía buena mano de obra para trabajar cuando empezó todo era muy bonito. Denme semilla, denme abono, etc. eso de denme fue muy bonito, hasta pidieron dinero en efectivo para comer.

Mi padre se sentía confiado porque el mayor problema de cultivar en ese tiempo era la mano se obra y nosotros éramos varios hermanos: mi hermano Tibursio, mi hermano Israel, mi hermano Pablito el menor, mi padre y yo, somos cinco y muy seguido viene el cuñado Luis.

> Disciplina es: hacer lo que tienes que hacer, cuando lo tienes que hacer, aunque no lo quieras hacer

Mi padre nos daba muchos ánimos decía que al fin saldríamos de la pobreza en que estábamos y nosotros le creemos e incluso mi padre trabajaba hasta muy tarde y hasta se quedaba a dormir en el trabajo con tal de avanzar más en el trabajo, algunas veces nos echábamos la moneda para definir quien se iría a dormir a la casa y quien se quedaría con mi padre allá en la milpa y lo que pasaba que todos sus hijos queríamos irnos a dormir en la casa y no solo por la comodidad sino porque nos gustaba mucho ir a la cancha a jugar futbol, aunque el quedarse a dormir en la milpa no era tan malo a mí me gustaba mirar la puesta del sol, hacer el fuego, poner tortillas en las brasas, tomar café, escuchar las historias que nos contaba mi padre, etc. a veces traemos comida para tres días, pero solo eran tortillas y frijoles.

Conste que en ese tiempo teníamos comida porque mi padre agarro dinero en efectivo algo que muchos no hicieron pues mi padre no tenía ni la menor idea de lo que estaría por venir o el problema en que se había metido.

La milpa se creció muy bonita, le echamos abono por tres veces, mi padre hiso una casita muy pequeña en la orilla de la milpa la hizo con el objetivo de motivarnos a quedarnos a dormir allá en la milpa y así avanzar más en el trabajo, y así fue despúes nos peleábamos por quedarnos a dormir allí en la milpa, mi padre solo venía a la casa solo los fines de semana, se venía o nos veníamos el sábado por la tarde o noche y regresábamos el lunes por la mañana.

Mi padre en el medio de la milpa había sembrado varias cosas aparte del maíz que era el producto

El mundo es como una mano y las personas son sus dedos, si usted odia o destruye a un grupo. De personas pierde un dedo y la capacidad de agarrarse mas del mundo

principal había sembrado: sandias, tomates, ayotes (calabazas), pepinos, chiles, lorocos, etc. algunos de estos productos se cosechaban muy temprana y eso es muy bueno pues la comida era lo que a nosotros más nos hacía falta.

Mi padre siempre acudía a las reuniones de la cooperativa, él decía que se sentía muy complacido porque no les negaban nada, la cantidad de dinero que querían se lo daban o los productos agrícolas que el necesitaba solo debía ir y pedirlos.

La milpa empieza a echar elotes eso ya huele a cosecha Y nosotros estábamos muy contentos. En ese tiempo dejo por un largo periodo de llover, el elote no creció se quedó muy pequeño todos muy desilusionados, pero ya era tiempo de sembrar la segunda cosecha de ese mismo invierno y mi padre decidió que debíamos sembrar ajonjolí pues el precio de ese producto es muy bueno y nosotros sus hijos solo le obedecíamos, y así fue empezamos la siembra del ajonjolí.

Este producto requiere de menos mano de obra pero nosotros le poníamos las mismas ganas al trabajo.

Este producto nos daba más y mejores esperanzas a nosotros como hijos porque mi padre por las tardes o noches nos hacía muchos planes con contando nos que al vender ese producto y después de pagar nuestra deuda a la cooperativa con el dinero que nos quedara nos comprarían: ropa, zapatos, cuetes pues ya se acercaba la navidad, él nos comentaba que el maíz él lo dejaría para que nosotros tuviéramos que comer todo el año próximo el tiempo paso muy rápido y ya era tiempo de cosechar pero nuestra segunda cosecha también fue muy mala a nosotros nos prestaron un granero y lo llenamos de maíz y eso fue lo primero que mi padre hizo asegurar la comida de sus hijos para el próximo año.

En ese tiempo fue que en la escuela donde nosotros vivíamos estaba el destacamento militar.

Mi padre no pudo pagar la deuda que adquirió con grandes esfuerzos pudo pagar el cincuenta por ciento, pero todas las ofertas que nos había hecho sobre comprarnos: ropa, zapatos, etc. allí termino.

Una vez más nos sentíamos muy decepcionados, confundidos, aunque de alguna forma mi padre se sentía contento pues ya teníamos comida para el siguiente año.

Seria los finales de diciembre o, a principios de enero solo recuerdo muy bien que esa fue una de las navidades más tristes pues no teníamos nada para la cena de navidad ni dinero para comprar cuetes para reventar en navidad.

Más o menos en marzo de ese mismo año a mi padre le vino una enfermedad muy mala, le salieron unas llagas debajo de sus rodillas y en los dos pies mi padre no podía caminar, se nos puso muy mal. los soldados que estaban destacados en ese momento allí nos ayudaban a llevarlo al baño, mi madre empezó a vender el maíz (nuestra comida) para poder curarlo, los soldados nos ayudaron mucho con algunas medicinas pero necesitaba algo mas y tuvimos que hospitalizarlo y en cuestión de semanas el maíz (nuestra comida se acabó) se acabó y nosotros siempre que vendían maíz cruzábamos los dedos para no mirar el momento en que se acabara.

El problema mayor en ese

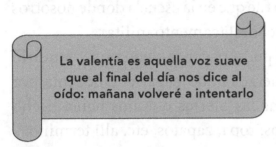

La valentía es aquella voz suave que al final del día nos dice al oído: mañana volveré a intentarlo

lugar era que durante ese tiempo no se e n c o n t r a b a trabajo en aquel lugar y mi hermano Israel y yo continuamos trayendo leña para vender y así poder medio comer, aunque sea una vez por día mi padre ese año paso varios meses enfermo no podía trabajar. Los soldados nos ayudaban con él para llevarlo al baño, curarlo de sus llagas, bañarlo, etc.

En los meses de abril o mayo volvimos a empezar otra vez a preparar la tierra para el próximo año de cultivos, la cooperativa nos informó que nos volverían a dar más crédito para ese ase año de cultivo.

Mi padre volvió a tratar de levantarnos la moral diciéndonos que si no hubiera sido por ese maíz tal vez él hubiera muerto. Y tenía razón, pero yo como un niño más, solo entendía que una vez más. no teníamos nada que comer.

Ese año mientras yo estaba en el cantón la isla visitando a mis abuelitos en el cantón la Isla mis padres y algunos hermanos se mudaron de casa y nos fuimos a vivir fuera de la 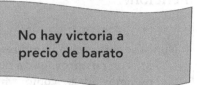 escuela, en una galera contiguo a las oficinas del ISTA, (Instituto salvadoreño de Transformación Agraria) la nueva casa no tenía ni luz ni agua potable y empezamos otra vez a los cultivos, a finales de mayo empezamos a sembrar pues el año anterior sembramos en junio y por eso a las plantas les hizo falta mucha lluvia y eso era un argumento de mi padre muy válido por cierto y une vez más el logro animarnos a hacer otro intento para cultivar y volvimos a hacer más grande la deuda pues a la deuda del año anterior se le sumo la del nuevo año, ese año la deuda fue un 25 % menos porque mi padre no tomo ni un centavo de dinero en efectivo, lo que hicimos fue que mi hermano mayor Tibursio se dedicó a jornalear ósea a ayudar a otros en sus cultivos y de su paga medio comíamos pues a eso ya estábamos acostumbrados, y allá íbamos a hacer otro intento más.

No hay victoria a precio de barato

Nuestra madre como siempre se dedicaba a ayudarnos con sus mil oficios como antes les mencione.

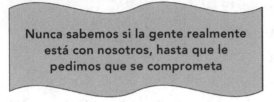

Nunca sabemos si la gente realmente está con nosotros, hasta que le pedimos que se comprometa

Nosotros aprendimos a sobre vivir con dos tiempos de comida cuando eran buenos tiempos a pesar que en ese lugar las personas normales comían tres veces por día, eso fue lo que nos hiso desear estar siempre en la milpa allá desde que empezaba a llover, salía el monte y crecía y nosotros cualquier tipo de monte aprendimos a comer, luego cualquier animal que matábamos lo cocinábamos y deme más por favor.

Sembramos la milpa la abonamos, limpiamos como éramos varios hermanos trabajando y muchas horas el trabajo lo asíamos más rápido e íbamos a ayudar a otros para que nos pagaran y de eso como siempre medio comer.

Muy bonito cuando ya cosechábamos sandias, tomates, pepinos, chiles, etc. en pocas cantidades, pero para que nosotros comiéramos teníamos, en ese tiempo peleábamos por quedarnos a dormir en la milpa pues allí ya no pasábamos hambre cualquier cosa comíamos y el que debía irse a dormir a la casa debía llevarse la leña, a veces pasaban hasta tres días y nosotros no íbamos a la casa.

En la nueva casa donde vivíamos no teníamos ni luz ni agua pero el chorro público estaba a unos cincuenta metros de distancia y el que se venía a dormir a la casa debía jalar el agua para el uso de la casa, eso era algo por el cual nadie quería venir a dormir a la casa, aparte que en ese lugar casi solo mujeres visitaban y mi madre ya tenía problemas con muchas de ellas, como nosotros vivíamos más cerca del chorro mi madre decía que el chorro era nuestro, pero si asías eso muy rápido podrías ir a la cancha a jugar futbol y eso era algo que en mis tiempos nos volvía locos.

Volvió el tiempo de la cosecha, cuando estaba la milpa en elote pequeño se vino un fuerte huracán el viento fue tan fuerte que arrancada hizo gran parte de la milpa y para no darle más vueltas al asunto la mayor parte de la milpa la perdimos pero teníamos muchas esperanzas en le segunda cosecha y volvimos a sembrar ajonjolí y seguíamos insistiéndole a la agricultura el ajonjolí para cosecharlo debes cortarlo y hacerlo manojos amarrados luego de hacer la pila de manojos y esperar unos tres a cinco días para sacudirlos y allí obtener la cosecha.

Mientras esperábamos esos tres a cinco días llego gente muy mala y nos robaron el ajonjolí, mi padre aseguro de llenar el granero de maíz y lo que sobro se lo dio a la cooperativa la directiva de la cooperativa se enojaron mucho con nosotros porque querían que se les diera todo el maíz y el ajonjolí no hubiéramos pagado toda la deuda pero por lo menos el 50 % que es lo que ellos quería que se pagara mi padre los llevo hasta la casa para mirar que él no tenía nada más y ahora estábamos más endeudados.

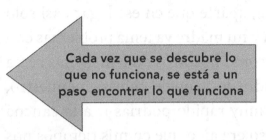

Cada vez que se descubre lo que no funciona, se está a un paso encontrar lo que funciona

Una vez más me convencía de que a mi padre no le interesaba la deuda sino la comida de sus hijos.

Llego febrero y luego marzo como mi madre es muy enojada siguió teniendo problemas con los o las vecinas que tomaban agua de aquel lugar.

Como teníamos tortillas (solamente)mis hermanos y yo íbamos a pescar para comer pues no era mucho lo que se pescaba y debes en cuando que podíamos trabajar uno o dos días, también jalábamos leña, la vendíamos por unos cuantos colones (colon se llamaba nuestra moneda nacional) y podíamos comprar frijoles para poder comer.

En los meces de marzo mi madre tenía tantos problemas por el agua que ella ya no podía acercarse a aquel lugar y le dio por pagar por poner el agua en su propia casa, todos sus hijos nos opusimos a aquella descabellada idea pues la pregunta del millón era de donde sacaremos el dinero para pagar y comprar los materiales para hacer el trabajo lo que nos incomodaba era que ella no jalaba agua solo nosotros y porque ella se empeñaba en decir que el agua era de nosotros si no estaba en nuestra propiedad, cuando la solución era tener paciencia para esperar su turno para llenar su cántaro, lo que pasaba era que el agua solo llegaba dos veces por el día. Por la mañana era, de las once am hasta la una pm y por la tarde a las cuatro hasta las seis pm.

Ese día todos los hijos nos pusimos en contra de esa idea. mi madre ya no estaba enojada solo con los vecinos sino con sus hijos también y le empezó una necedad, insistencia, que a mi padre luego lo fastidió.

> Los movimientos transformadores requieren de líderes transformadores

En una o dos semanas ya no teníamos más maíz solo teníamos agua, y empezamos otra vez a pasar hambre, pero sobre todo muy endeudados.

Los hijos más mayores teníamos una cara terrible, por lo sucedido no nos explicábamos como pudieron hacer eso- un año más de pasar hambre, algunos de nosotros le decíamos a mi padre ¿qué paso? él nos decía, es que ya no aguantaba a su madre, casi me pegaba, no pude más, y a mi madre no se le podía reclamar nada, porque ella te explicaba pero de una forma muy difícil de entender mientras te explicaba hablaba y algo buscaba para castigarte y te golpeaba con lo que se le pusiera enfrente.

Quiero contarte o convencerte de cómo era mi madre.

Una pequeña anécdota: cuando vivíamos en la escuela yo tendría unos siete u ocho años, allí en la escuela hicieron el baile de las fiestas patronales y mi madre y yo fuimos a la tienda a comprar gas para el candil de la casa, mientras veníamos en camino empezó el baile y yo le dije: madre apurémonos porque ya empezó el baile y usted y yo tenemos que ir a bailar) mi madre se enojó mucho por eso y me dijo: y desde cuando yo bailo, y luego con usted como si usted no fuera mi hijo. No me dijo más nada, pero al llegar a la casa me castigo, me dio tres con un lazo, tanto así era mi madre.

> Algunos despiertan con una alarma, otros con un llamado, otros ya no quieren despertar, dormir y dormir

Llego el mes de abril o mayo mi padre hizo hasta lo imposible por conseguir crédito en la misma cooperativa, el movió cielo y tierra, pero lo logro, pero le negaron dinero en efectivo y allí íbamos otra vez no sé como pero allí vamos.

Ese era el tercer año de cultivos propios ese tercer año no teníamos muchos ánimos para seguir, llego la época de siembra y a sembrar como siempre allá en la milpa nos quedábamos a dormir veníamos a ver si madre tenía algo para llevar de comida mi padre nos enseñó a comer tortillas con dulce de panela, nosotros le llevábamos algunos montes a mi madre para que hiciera pupusas y llevarlas para que comieran los que estaban trabajando, cuando cae la lluvia había más pescado en el Rio e íbamos a pescar la milpa crecía y crecía mi padre la miraba con grandes esperanzas a nosotros sus hijos ya no pensábamos igual pero allí estábamos para no hacer más larga la historia, cuando la milpa iba a empezar a echar elotes dejo de llover y ese año no obtuvimos nada ni para comer, mi padre quiso traer a los demás de la cooperativa para que ellos mismos miraran, pero ellos no quisieron ir pues sus milpas estaban en igual estado.

Y una vez más en navidad no teníamos nada de comida en nuestra mesa, fueron momentos de promesas que no volveríamos invertir en la agricultura. (mi hermano Israel)

El próximo año mi padre decidió que debíamos ir trabajar allá por el volcán de San Salvador y allí fue donde yo pude comprar mi primer par de zapatos.

> No hay que dejar que el reloj o el calendario nos impidan ver que cada momento de la vida es un milagro y un misterio

Recuerdo que nos íbamos en el mes de julio (a finales) y trabajábamos en las milpas, el lugar exactamente donde llegábamos se llama: sitio grande, ganábamos mucho dinero mi padre era quien se quedaba con el dinero y siempre seguíamos pasando hambre, a mi él me decía que la próxima semana me iba a comprar los zapatos y cuando empezamos en diciembre a cortar café como ese trabajo lo pagaban quincenal y él era el que cobraba él me decía que del pago de la próxima semana me compraría los tan anhelados zapatos para poder comprar mis zapatos tuve que independizarme de el en el trabajo y conste que los compre usados. Una muchacha que se llama; morena moran, tenía unos zapatos que a ella no le quedaban y me dijo que me los vendía, yo vivía en su casa, su madre nos daba donde vivir temporalmente, recuerdo que cuando me los puse por primera vez me sentí muy bien conmigo mismo y no deseaba quitármelos ni para dormir yo decía que me los podrían robar.

Fue en ese tiempo cuando mi padre mi dijo que ya era tiempo de acompañarlo a cumplir una promesa que él había hecho a San Antonio.

Otra pequeña anécdota: cuando yo tenía unos siete u ocho años me vino una fea enfermedad. Un oído (derecho) me salía pus un líquido graso que huele (huele a podrido) mi padre hiso muchos intentos porque yo me curara, pero todo fue en vano, me llevo con muchos médicos para que me curaran pero nadie lo lograba, mi padre en algunas ocasiones hasta fue a algunas iglesias a pedir ayuda económica para poder llevarme a las consultas que los médicos decían.

Pase varios años y nadie podía hasta que

> Soy más de lo que aparento ser, toda la fuerza y el poder del mundo están en mi interior

un día mi padre me dijo que ofreceríamos esa visita a San Antonio, yo era muy niño y tal vez por eso no recordaba o no entendí lo que él me dijo, pero de una cosa estoy muy seguro fue en ese tiempo cuando yo empecé a sanar, muchos me decían que cuando yo sanara yo sería sordo de ese oído, pero hasta esta fecha yo les aseguro que oigo mejor que cualquier persona. No sé cómo explicar y tampoco lo voy a intentar solo sé que se puede explicar o entender de una sola forma, FE. Fue en ese tiempo que fuimos a una grande y bella ciudad por primera vez llamada: Sonsonate, yo aún no entendía mucho eso de la fe pero fue mi padre quien tubo fe para que yo sanara.

Ahora quisiera hablarles de la Guerra yo sé que debí haber hablado de esto antes, pero se me había quedado olvidado, discúlpeme.

No entiendo porque la milicia o militares hacían esa gran estupidez, esa locura, o como usted desee llamarla, de apoderarse de las escuelas. llegaban, y a su alrededor asían trincheras de piedras sin importar el peligro en que pusieran a los niños. Sabían que vendrían a atacarles y porque a las escuelas.

Eso nos pasó a nosotros en mi escuela, si ustedes han mirado la película: la Guerra de El Salvador se podrá dar cuenta que allí mismo ellos reclutaban a los niños para llevarlos al servicio militar, pero el detalle es el peligro al cual nos exponían al adueñarse de nuestra escuela y digo adueñarse porque ellos se sentían dueños, amos, y señores de la escuela, luego las jovencitas más grandes siempre se sentían acosadas por ellos, cabe resaltar que en más de alguna ocasión se escuchó de violaciones y de amenazas muy fuertes en contra de los maestros y padres si decían algo. En ese tiempo simple y sencillamente las personas desaparecían sin dejar rastro.

Muchas veces los atacaron y nosotros allí estábamos y muy rápido nos metíamos debajo de los asientos, o debajo de las mesas y se gritaban cosas muy feas en ese tiempo teníamos un profesor que era voluntario para darnos clases, él se llamaba: Mauricio, y le decían Waracha el trataba de explicarnos la situación, pero era muy difícil comprender con tanto miedo que sentíamos muchas niñas hasta se hacían pipi por el miedo que sentían.

Muchos niños mirábamos con mucho enojo a los soldados y rogábamos a Dios que se fueran de allí, que nos devolvieran la escuela, ustedes saben cuánto amor le ponemos a nuestra escuela, cuanto amor y respeto les poníamos a nuestros maestros, hasta que al fin lo logramos los soldados se fueron, hubieran visto los gestos que hacíamos cuando se fueron o cuando llegamos y ya no los encontramos, hasta nos burlábamos bueno, era cosa de niños.

Cuando yo era adolescente de parte de la iglesia católica nos enviaron a estudiar la doctrina social de la iglesia, fue en el tiempo de post-Guerra ese estudio duro tres años y tuvimos la oportunidad de visitar un hospital clandestino de la guerrilla.

Yo tenía como unos diecisiete años y que horroroso fue esa aventura no nos obligaron a ir, fuimos de voluntarios por un par de días yo hubiera querido seguir allí, pero mis compañeros de clase no soportaron más, era muy difícil mirar aquellas y tantas personas mutiladas de sus manos o sus pies con tantas necesidades, como ya había pasado la guerra ya podíamos llegar sin problemas porque antes de eso los que llevaban de voluntarios les vendaban los ojos.

Me gusto estudiar esta materia o como quieran llamarle, lo más queme gusto de ella es su objetivo, no pretendían enseñarle nada a nadie, solo enseñar a los participantes hacer sedientos de conocimiento.

De este tema vamos a seguir hablando en otro momento se, los prometo.

Nota: quiero comentarles que nosotros (familia) no éramos los únicos que vivíamos de esa forma, venían más niños a la escuela en esa misma situación, o a la escuela venían sin zapatos, pienso que pasaban por la misma situación.

No debo entrar en los detalles que a ellos los tenían en esa situación sobre todo porque no los sé, ellos vivían en los caseríos aledaños.

Era esa terrible pobreza la que me impedía tener amigos, me sentía mal mirar a los niños con sus zapatos limpios y yo, de lejitos estoy mejor.

Hasta ahora comprendo que varias veces llegaron muchachas a platicar conmigo (en mi adolescencia) y mi madre me decía que ellas venían por mí, y a mí me gustaban como mujeres, pero cuando me miraba y miraba en la situación en que estábamos. No mejor me les escondía, mi madre algunas veces me dijo cobarde, pero yo sabía que a mi madre mejor callarle, dicen que: cuando uno ya conoce el camino, ya no se pierde, y mi madre era de armas tomar. Mi madre si me decía que, esa pared es azul, mejor de una y por las buenas acepta lo que esa pared es azul aunque fuera roja, verde, negra, que se yo.

Probablemente y en otro momento hablaremos más de mi madre.

Amigos, hermanos, es muy necesario salir de la ignorancia no por nosotros mismos, sino por los que vienen detrás de nosotros.

En libros futuros vamos a hablar sobre el tema: la herencia, porque me gustaría saber que les estas dejando como herencia a tus hijos.

Mi concepto es que: nos estamos preocupando por dejarles buenas casas, buenos y costosos carros, jugosas cuentas de banco, pero muy poca vida, la raza humana está acabando con todo tipo de vida en este planeta, incluyendo la extinción de la misma raza humana.

Por las tardes me iba a caminar por varias horas, tratando de explicarme que era lo que pasaba y cuando esa pesadilla de pobreza acabaría, me preguntaba cómo podría hacer para que esto acabara, y terminaba en el mismo lugar donde había empezado, sin obtener respuesta alguna nada de nada.

CUARTO CAPÍTULO

Mis logros
Evolución de la mente

A principios de mayo del 4 al 10 llegamos a Cleveland OH. como la gran mayoría de todos: de mojado, pues fue allí donde vivían mis hermanos que nos estaban esperando y ayudando para llegar y residir en ese lugar: Israel y Juan José.

Mi hermano Israel aún vive en Cleveland OH, y mi hermano Juan José que ya murió.

Ese viaje hasta Cleveland OH, fue una odisea completa de sufrimiento y angustia lo que nos motivaba era aquel costal lleno de sueños y esperanzas que traemos desde El Salvador.

Por cierto, que poco apoco se fueron volando de ese saco, uno de los problemas que llegaron primero fue que, después de la emoción y el  reencuentro con mis hermanos apenas una semana de estar aquí y ya nos estaban cobrando la renta, los viles (recibos) agua, luz, tel. etc. y para mejorar la situación también ya nos estaban cobrando las deudas que aviamos dejado en el salvador y digo somos porque a Cleveland OH los que llegamos y que veníamos juntos fuimos tres (de El Salvador salimos juntos cuatro y hasta Cleveland llegamos tres) en el camino sé quedó uno que le decíamos Chiqui, se quedó porque los familiares que le habían prometido ayudarle le dieron la espalda o sea ya no le ayudaron, los que llegamos a Cleveland somos: mi hermano menor pablo, un ex cuñado de Israel llamado Oscar y yo.

Oscar y yo traemos un compromiso más y es que nosotros hemos dejado esposa e hijos y eso nos obliga empezar a trabajar más rápido para enviarles dinero, excepto que yo nunca le mande dinero a Kenia, de esto les hablaremos más adelante.

Y uno de los detalles a tener en cuenta en la zona oeste de Cleveland (es donde vivíamos) es que allí el 80% de los negocios donde nos pueden dar trabajo son chinos y ellos pagan muy poco. Como nosotros tres no teníamos ni la menor idea de cómo hablar inglés, debíamos esperar que mi hermano Israel en su día de descanso nos llevara a buscar trabajo y así fue el hizo algunas llamadas y luego dijo: hey, ya vámonos, caminamos unos dos o tres bloques (a pie) un muchacho joven salió y efectivamente era un chino, hablaron muy poco con mi hermano y luego nos vamos caminamos unos tres o cuatro bloques.

Ya Israel nos había dicho como eran las cosas, ósea que necesitábamos papeles, y a nosotros nos gustó que no nos pidiera papeles para trabajar, y nos llevó a un edificio viejo que estaban demoliendo y el chinito nos dijo: aquí trabajo yuu, (podía poquito español) tomó una máquina y empezó a reventar el piso (era una de esas máquinas de aire que se usa para romper las calles de cemento o concreto) y Pablo la tomó y luego sacó otra, y luego otra, le preguntó a Israel si él también quería trabajar pero Israel le dijo que no, el chinito dijo que regresaría en un momento y junto a Israel se fueron.

Nosotros como era nuestro primer trabajo le echamos ganas a pesar de que el trabajo estaba muy pesado, pero estábamos muy contentos.

Israel ya nos había contado sobre los sueldos y nos gustaba en la forma que él trabaja, él era lavaplatos en un restaurante nos contó que el ganaba $70 dólares por día, él tenía tres turnos de descanso y cuanta comida caliente el quisiera, él nos comentaba que ese trabajo no era pesado y que por momentos debía hacerlo rápido.

Nosotros mientras trabajábamos comentábamos que por la forma de ese trabajo que era muy pesado tal vez nos pagarían $100 x día pues el trabajo estaba muy pesado.

Empezamos a trabajar como a eso de las ocho de la mañana, como a las tres de la tarde llegó Israel, hasta esa hora no habíamos comido nada ni siquiera un café, Israel nos dijo que el chinito le dijo que él nos llevaría comida como a las doce, teníamos mucha sed, Israel se enojó mucho y le llamó por teléfono y el Chinito le dijo que el llegaría en unos minutos Israel insistía en que ya no trabajáramos, pero yo les insistía que si él se había portado mal tal vez en la paga nos lo compensaría.

Pero llego después de las cinco de la tarde, Israel empezó a reclamarle que nos dejó aguantando hambre y él dijo que él no estaba obligado a darnos comida que el para eso nos iba a pagar, Israel le insistía a el chino que si él no nos daría comida porque no se lo había dicho e Israel nos hubiera traído comida y pablo le insiste a Israel que le preguntara que cuanto nos iba a pagar.

Cuando el chino debía responder sobre la paga agachó su cabeza y dijo: debemos trabajar hasta los ocho y no

> Debes desarrollar la honestidad y el valor mental para hacerte responsable de: tus pensamientos, acciones, y resultados

puedo pagarles más de $45 dólares por día y hasta lo escribió para que lo entendiéramos.

Para nosotros eso fue como un balde de agua fría, cayendo sobre nosotros.

Pablo fue el próximo en demostrar su enojo y tiró la maquina muy cerca del chino por poco y le cae en los pies, Israel nos dijo mejor vámonos antes que algo peor pase.

Nos fuimos sin más que hablar, no sabemos si a Israel le pagaron algo por el día que trabajamos no sé, pero a nosotros no nos dieron nada de dinero, después de algunos días nos llevó a trabajar un señor de Puerto Rico, trabajamos en la construcción, solo trabajamos con el cómo tres días dejamos de trabajar con él porque él se vivía quejando que él no nos necesitaba que solo lo hacía por la amistad con Israel.

Después me llevaron a trabajar a un restaurante que se llamaba: El Centro de la Noche, pero en inglés, me gustaba el trabajo pero había un problema muy grande, yo no manejaba y salía muy noche o quizás de mañana, no sabía cómo viajar en bus, y luego ya empezaba el invierno y me daban miedo cuando me contaban de aquellas grandes nevadas y nosotros no conocíamos los teléfonos móviles, a veces yo amanecía en la parada del bus porque mi hermano José (Chepe) se dormía y era el único que tenía carro para ir a traerme y como yo no hablaba inglés no podía pedirles a los compañeros que me dieran un rayte, (aventón) que me llevaran en su carro, y deje de ir, descanse otro tiempo.

Después me llevaron a otro restaurante, turco (los dueños eran de Turquía) ellos apenas y empezaban a trabajar (era un restaurante nuevo) allí las cosa eran mejores cuando salíamos muy noche el dueño me iba a dejar hasta la casa, los dueños eran dos hermanos y a mí me querían mucho, en ese tiempo y en ese lugar pagaban por semana y no por hora (por tiempo) entrabamos a trabajar a las 9 de la mañana y no teníamos hora de salida, los fines de semana y feriados a veces allí nos daba las 4 o 5 de la mañana pero el trato como empleados había cambiado, en los otros trabajos me habían tratado como bicho raro, no habla inglés pero hace muy bien su trabajo, allí me sentía muy cómodo ellos me daban de la mejor comida, me compraban ropa, zapatos, lo que yo quería, pero yo les respondía en mi trabajo, yo fui empleado como lavaplatos y yo hacía de lavaplatos, preparaba, cocinaba, y hasta trae los platos de la mesa, aprendí todo de la cocina todo, eso a ellos les gustó mucho, yo no me sentaba como lo hacía el chef se pasaba horas en el bar, mientras el dueño y yo cocinando para los clientes el chef no tomaba, se la pasaba mirando películas y a veces venía su esposa con su hijo y debíamos cocinar para ella.

En su idioma ellos discutían mucho, el dueño decía que él no quería trabajar, pero que no podían echarlo y no decía por qué.

El chef era un hombre alto muy fuerte, él nos contaba que él participó en la guerra de El Salvador y nos hablaba de Chalatenango dijo que él fue a El Salvador a apoyar a la guerrilla.

Hasta este momento yo empecé a pagar mis deudas del viaje, yo hablaba con Kenia y hacíamos largos planes, mientras ella estaba en El Salvador. Todo mi pago yo lo ocupaba para pagar mis deudas, de mi familia nunca me olvidé siempre les ayudaba, pero de quien si me olvidé económicamente fue de Kenia pue entre ocho a nueve meses que ella tardó para llegar aquí yo no le envíe dinero para sus gastos personales o en realidad para nada excepto para el viaje, los demás decían que fue muy rápido, pero para mí fue una eternidad para volver a estar junto a Kenia y un par de años después vino Helen nuestra hija.

Los dueños de este restaurante turco me querían mucho a tal punto que el chef que era de la misma raza de ellos me odiaba mucho porque decía que yo ganaba más que él y no era para menos si yo les ayudaba en todo por ejemplo: yo fui contratado para lavar los platos y efectivamente eso era lo primero que hacía y después cocinaba, preparaba la verdura o fruta, preparaba cubiertos, en mis ratos de descanso yo limpiaba los ajos. Les quitaba la cascara, era unos mil usos, llego hacer tan grande su enojo conmigo que un día se pusieron a discutir en su idioma y el chef se acercó a mí y me dio una patada. Yo no sabía que lo podía demandar o llevarlo a corte y mis hermanos que ya tenían más tiempo de estar aquí les daba miedo hacer algo así, además el dueño de era muy bueno conmigo (eran dos hermanos los dueños) y los dos eran muy buenos, recuerdo que un día yo le dije a el hermano mayor que necesitaba dinero para traer a Kenia y no dudo en decirme que sí, que cuanto, para cuándo y de que forma quería el dinero, yo al oír esas palabras me puse muy feliz, claro que esto fue antes que el chef me agrediera de esa forma.

Ellos me prestaron gran parte del dinero que utilizamos para el viaje de Kenia, yo siempre estaba haciendo grandes esfuerzos para pagar ese dinero lo más pronto posible y poder largarme de ese lugar. Después de pagarle empecé a hacer esfuerzos por correrme de ese trabajo pero ellos siempre venían a mi casa y me convencían de volver a regresar hasta me daban aumento de sueldo con tal que yo regresara, en tres veces fueron a mi casa y última vez me tuve que mudar de casa y no me encontraron.

Fue en ese tiempo en que conocimos a una familia de apellido Escalante con quienes hicimos una amistad muy bella, ellos son de Honduras y ellos nos ayudaron a conseguir trabajo en otros restaurantes donde ellos trabajaban. Hasta el día de hoy somos muy buenos amigos, ellos siguen viviendo allá en Cleveland OH y en el verano vienen a visitarnos o nosotros los visitamos.

Ellos trabajaban en diferentes restaurantes donde les pagaban por hora y nosotros nos pagaban por semana por eso aunque trabajáramos las horas que fueran no nos daban nada más.

Fue en ese tiempo cuando Kenia empezó a sufrir más por la ausencia de la niña y empezamos a planear como traerla, como el cuñado estaba en México intentando cruzar le ayudamos primero a él y después vino la niña.

Como en esos trabajos nos pagaban por hora nos dimos el lujo de tener hasta tres trabajos por día cada uno, teníamos seis cheques por semana o sea mucho dinero, pero esto lo compararemos más adelante porque ese dinero, así como vino así se fue y lo compararemos lo que pudimos hacer cuando tienes una mente educada o en proceso de educación y cuando solo sabes gastar a lo pendejo.

En algunas ocasiones hasta nos llamaron la atención porque ya teníamos varios cheques en casa sin ser cambiados, no teníamos tiempo para nada ni para comer algunas veces.

En El Salvador la familia o amigos nos pedían dinero y nosotros no dudábamos en enviarles dinero, nos volvimos una mina de oro para algunas personas, sobre todo para la familia que nos cuidaba la niña tanto que hasta se peleaban por quien cuidaría la niña y nosotros aquí muy contentos por cuanta gente amaba a nuestra hija, pero en realidad no era así, no amaban a nuestra hija sino a una remesa que llegaba semanalmente.

Estas son algunas cosas que hacen las mentes no educadas, gastar a lo pendejo y después necesitar el dinero que mal gastaron, ganamos mucho dinero i no hicimos nada.

Kenia y yo perecíamos dos hermanitos con el mismo fin: hacer dinero, no teníamos tiempo el uno para el otro, no teníamos tiempo para comer, no teníamos tiempo para ir de compras, no teníamos tiempo para nada.

Hagámonos una pregunta ¿para quién fue el dinero que ganamos? ¿dónde esta? pues a mí solo me quedó el cansancio, el desvelo, las cuentas largas, etc. estas cosas pasaron en Cleveland de Ohio, nuestra venida para Michigan fue provocada por la traída de la niña, como trabajábamos mucho teníamos mucho dinero y el viaje de la niña por todo fue como unos treinta mil dólares, pues como teníamos dinero le pagamos el viaje a una señora para que la viniera cuidando en el camino con el trato que ella al llegar aquí nos pagaría su viaje pero no fue así, el esposo de ella era un primo de Kenia y vivía con nosotros juntos hicimos planes para traer la niña y a su esposa.

Anterior a eso, nosotros le ayudamos a ese señor a llegar aquí junto con el cuñado José juntos salieron desde El Salvador, pero en esa ocasión fue buena paga y en esta segunda vez todo cambio no nos pagó fue en el tiempo en que teníamos tres trabajos Kenia y yo y parece que nos volvimos locos con el dinero.

La familia de Kenia perdió varias veces el dinero con el que iban a sacar a la niña de El Salvador para traerla para acá y a nosotros como que nos regalaban el dinero que solo enviábamos más, y allá en El Salvador alguien se lucraba de nuestro deseo de tener a la niña con nosotros, como ya les comenté éramos una mina de oro para algunas personas.

Nosotros vivimos en Cleveland oh, unos siete u ocho años.

Quiero hablarles un poquito de mi hermano José (Chepe) él fue nuestro medio

> A veces traemos tantos nombres de diferentes marcas sobre nosotros que hasta olvidábamos nuestro propio nombre A.P.

y mayor hermano, el solo era hijo de mi madre, él nos ayudó a nosotros para llegar aquí, el cuando venía desde El Salvador para acá. como todos lo detuvo la patrulla fronteriza, le tomaron su información y lo dejaron libre y nunca se dio cuenta que debía presentarse a una corte, más o menos unos diez años después vinieron a llevárselo hasta su casa, allí se contagió de algo y de eso murió. De esto hablaremos en otra ocasión

Oh pues allí vivían mis hermanos, unos nueve a diez meses después vino Kenia y un par de años después vino Hellen, el tutor de Hellen fue (un pariente) y por esa razón nos venimos a vivir a Michigan vivíamos junto a ellos y era muy difícil porque la casa era muy pequeña y yo no tenía trabajo, como él trabajaba por su cuenta yo iba con él a trabajar pero la paga era poco y yo quería ir a trabajar por mi cuenta pero no tenía transporte y no conocía a nadie más que solo a él, después el me alquilo una casa él me consiguió un trabajo en el pollo y el trabajo quedaba un poco lejos luego yo no conocía y aparte salía muy noche de trabajar, y a veces me perdía en el freeway (carretera rápida) y pasaba horas y horas perdido por la noche y a veces me salía de la carretera a intentar preguntar cómo llegar a casa pues no hablaba inglés, eso me paso los primeros días hasta que conocí el lugar, ese tiempo fue muy difícil vivir dos familias juntas, eso es muy difícil. Hasta que el compro otra casa en Lincoln Park MI, y me la rentaron y empecé a tener libertad pero seguía trabajando en el pollo hasta que me di cuenta de que yo trabajaba prácticamente en la frontera y es que yo no conocía los carros de la patrulla fronteriza y allí pasaban muy seguido y me asusté y dejé el trabajo y regresé a trabajar con (el pariente) solo que los pagos siguieron siendo pocos y como ya rentaba un apartamento el dinero no me alcanzaba luego nos llevaron a trabajar a una compañía empacadora de verduras chiles verdes, tomates, pepinos etc. y ahí fuimos a trabajar los dos Kenia y yo, el trabajo es muy fácil pero ahí hacía frío pero nos acostumbramos también el sueldo, es muy poco pero con el sueldo de los dos nos alcanzaba a pesar que nos cobran por el parqueo y nos tratan mal bueno cuando no haces caso o eres muy lento, nuestro trabajo es chequear el chile mirarlo bien que no esté podrido, quebrado, maduro etc. que esté limpio y listo para empacar y nos gusta este trabajo, hay mucha gente hispana trabajando, aquí no nos tratan muy bien que digamos pero no tenemos otra opción en todas las líneas se escuchan gritos de apresúrate y más cosas que no quiero mencionar tenemos una serie de problemas pero tenemos que aprender a lidiar con ellos por ejemplo solo hay 10 hornos microondas para calentar la comida y todos salíamos al mismo tiempo y al menos éramos 250 personas en total imagínense 250 personas calentando comida al mismo tiempo y solo nos daban 15 o 20 minutos de descanso.

Pero bueno ese es uno de tantos problemas en la compañía y otro problema es que no nos quieren dar parqueo y no podemos tener nuestro propio transporte, yo un día traje mi carrito y me lo llenaron de stikeres del vidrio de enfrente donde decían que yo no tenía permiso para parquearme en ese lugar y que la próxima vez llamaría una grúa para que se lo llevaran, y que debíamos viajar obligadamente en las camionetas de la compañía que producen las verduras, y la empresa que nos contrató es un staffing (compañía que contrata personal para trabajos en otra compañía) y por eso nos sentimos muy confusos al pensar en hacer un reclamo no sabemos a quién acudir, y quien dice algo de inmediato lo despiden, hay una señora que le decimos Mari, ella le grita a todo el mundo siempre está amargada siempre anda de malas su esposo también trabaja aquí y es de El Salvador y ella es de México las camionetas que nos traen al trabajo nos cobran 7 dólares por día y tardan mucho para venir a traernos a la hora de irnos a casa a veces hasta dos horas de espera y nosotros con hambre sueño y cansancio esto es inhumano entrabamos a trabajar a las 7 de la mañana y a las 6 pasaba la van (camioneta) de la compañía y los levantábamos a las 5 de la mañana mientras Kenia cocinaba yo despertaba a los niños y los cambiaba, bueno ayudaba a Kenia, la señora que nos cuidaba los niños siempre se quejaba porque decía que era demasiado temprano para despertar a los niños en realidad creo que ella era la que no se quería levantar temprano y a veces veníamos a las doce una o dos de la mañana solo a dormir y salir de regreso al trabajo pero descansábamos los domingos aunque ese día en realidad no alcanzaba y es que teníamos tanto que hacer esos días la compañía se estaba cambiando de edificio y nos mudábamos para otra ciudad donde estábamos se llama Romulos y la ciudad donde se iban a mudar se llama Livonia, teníamos la esperanza que ahí si nos dieran parqueo y nos fuimos pero no fue así allá tampoco nos permitieron tener nuestros carros ahí empezamos a entender que era cosas de negocio luego se inventaron que teníamos que tener gafete con nuestro nombre y a que empresa pertenecía nos cobraron 10 dólares por el gafete y si lo pierdes debes pagar 10 más por el nuevo y descubrimos que todo era un negocio sí que están buscando diferentes formas para quitarnos el dinero a algunos compañeros se les pierden los cheques la compañía nunca se los entrego después de que nos movimos con la compañía para Livonia luego la compañía se hizo muy grande se hicieron unas 30 o más líneas de trabajadores de 20 personas cada línea y hasta vinieron más staffing traían más personas que les costaba controlar era una enorme cantidad de personas un 90 por ciento somos hispanos, buenos para trabajar (esto sucedió más o menos en los años 2009 a 2013) sucedió que un día miércoles que llegamos a trabajar estando listos para empezar nos sacaron y nos llevaron para un edificio que esta junto a la fábrica, mientras estábamos ahí todos nos preguntábamos que paso, pero nadie sabía lo que estaba pasando solo nos dijeron que debíamos esperar por unos minutos pero nos asustamos mucho camiones de bomberos con sus sirenas activadas, varios carros de policía y continuábamos preguntándonos que paso al cabo de unos 30 minutos vinieron algunos jefes y nos dijeron que se había derramado un líquido muy malo para la salud llamado; amoniaco dicen que debe venir un equipo especial de limpieza y que también debe venir una cosa que se llama OSHA nos dijeron que solo serían unos minutos para esperar y no fue así fueron horas y la gente empieza a desesperarse pues vemos que vienen diferentes carros, pipas carros de bomberos, policías, solo falta que venga la migra y algunos dicen que lo que se derramó es un líquido muy peligroso para la salud y que podemos morir si regresamos allá.

Nos tienen como presos pues no nos dejan ir para la casa nos dicen que si nos vamos seremos despedidos, se oyen reclamos por todos lados todos queremos irnos a nuestra casa, pero no nos dejan. solo nos dicen que tenemos que esperar, algunos hacemos bromas con la intención de mantener el buen ánimo, pero la gente está muy desesperada y con miedo y nos preguntamos si debemos regresar o no. Tenemos hambre, tenemos sed queremos ir al baño y no nos dejan pienso que somos unas 300 personas más o menos muchos de ellos se durmieron pero luego nos dijeron que ya podemos ir al baño tomar agua y regresar aquí mismo y así pasaron unas 5 o 6 horas dicen que ya vino OSHA y dijo que ya todo está bien que ya podemos regresar a trabajar, pero esperamos un poco más hasta que nos piden que regresemos a nuestro trabajo algunos regresamos al trabajo y otros al estar libres nos fuimos para nuestras casas de alguna forma se fueron para sus casas fue un buen susto.

Todas las líneas tienen su respectivo líder y todos son muy exigentes, pero de todos hay uno que le dicen nacho él es muy gritón, enojón, panzón, malcriado, bueno él es malo. Muchos hombres que lo han amenazado y lo esperan en el parqueo, pero parece que la compañía lo protege y siempre logra evadirlos, nos apura, nos grita, y hasta nos empuja gritando que se apuren.

Esa línea es la que más produce y a los jefes eso les gusta a los jefes a veces me llevan a trabajar a esa línea y me sorprendo de mirar todo lo que se produce a veces hemos hecho hasta veinticinco paletas de chiles antes de ir al primer descanso y me gustaría recordar esas cantidades por que más adelante las vamos a comparar con las cantidades que asíamos cuando por x razones nos despidieron a los hispanos y trajeron puro morenito.

Cada paleta contenía cien cajas de seis bolsas de seis chiles en tres colores que eran: rojo, amarillo, y naranja, esa línea corría muy veloz nos hacían trabajar largas jornadas de hasta dieciocho horas por día, tenemos hora de entrar pero no tenemos hora de salir y el día que menos hemos trabajado fue un día que solo trabajamos doce horas.

Eso fue en el año 2010 al 2013 recuerdo que mientras trabajábamos allí Kenia mi esposa salió embarazada de nuestro tercer hijo (Michael) siempre estuvo en la línea uno o dos, no sé por qué pero siempre la pusieron a trabajar allí y siempre se la pasaba peleando con él o la líder de línea porque no querían que ella fuera muy seguido a el baño, aun estando en esa condición, aunque ella tenía un habito muy bueno en el trabajo. Ella es muy rápida para trabajar con sus manos.

Pero lo que quisiera resaltar es de como ella aun estando embarazada le negaban ir al baño imaginémonos como era de difícil para nosotros ir al baño, y si te dejaban ir al cabo de un par de minutos te tocaban la puerta para que ya salieras y no era porque no habían más baños sino la urgencia que volvieras al trabajo y te gritaban muy feo con la intención de apenarte.

La señora María era la manager o gerente de producción y ella era la que más feo nos gritaba y siempre trae una cara de amargada, yo no sé porque nos apuramos cuando ella nos apura si es por mirarla enojada o porque nos asusta.

Nunca en mi vida había mirado tantas injusticias en una misma compañía.

Quiero repetir lo que en nuestro primer libro titulado: el injusto América, dije; yo desde niño escuchaba hablar de USA como un buen progresista y poderoso país y por eso pensaba que ellos eran el país más justo del mundo pero ahora que estoy aquí me doy cuenta que es todo lo contrario.

Yo comentaba con algunos compañeros si nos uníamos para hacer algo en contra de los malos tratos y desde la ley con el fin de acabar con este infierno en que nos tiene esta compañía, pero todos tienen mucho miedo, es más me dicen que no debo hacer esos comentarios porque los echan del trabajo y los amenazan hasta con echarles la migra. Nos tienen muy amenazados.

El transporte:

Quiero comentarles sobre la forma de transporte en el que nos traen.

Las van o camionetas donde nos transportan son para doce o catorce personas y siempre venimos hasta veinte o más personas todos muy apuñados, parecemos plátanos unos sentados sobre otros y luego es mucho tiempo el que nos llevan de un lado hacia otro levantando a diferentes personas hasta que les da la gana de llevarnos a la compañía.

Unos venimos dormidos sobre otros, otros vienen desayunando pues cuando llegamos al trabajo casi siempre tarde ya no tenemos tiempo de nada.

Nuestra hora de empezar es a las 7am y el primer descanso es a las 10am, solo son quince minutos y te encuentras que; si vas al baño no tienes tiempo de comer algo y si comes no tienes tiempo para ir al baño.

Otro de los problemas que más nos preocupa es que: somos muchas personas (cientos) todos traemos almuerzo para calentar y solo hay ocho hornos de microondas y eso se vuelve un problema, ya hemos visto a algunas mujeres agarrarse de los pelos por calentar su comida hemos pedido a la oficina que nos ayuden con eso dicen que si, pero no hacen nada.

> El equilibrio entre la vida y el trabajo no existen, hay que elegir entre ellas y tú eres quien debe hacerlo, pero recuerda que cada elección tiene sus consecuencias

En algunas ocasiones escuchamos de algunas mujeres llorar en las camionetas al contarnos de cómo les gritan de feo e insistiendo que no se puede a ser nada. Cuando les preguntamos porque la insistencia que no se puede a ser nada nos dicen que no se puede a ser nada porque somos indocumentados y efectivamente somos indocumentados e incluso allí mismo en la staffin a algunas personas les hicieron papeles falsos con la intención de tenerlos como empleados o en realidad no lo sé, solo sé que a muchas personas les hicieron papeles falsos, yo platicaba con algunas personas sobre cómo podríamos organizarnos y hacer una demanda pero todo mundo tenía miedo, incluso algunas señoras ya mayores con las que hablaba me dijeron que si ellas se metían en esas cosas el gobierno les podría quitar sus hijos.

Así pasaron tres largos años - hasta que de la noche a la mañana despidieron una fuerte cantidad de personas todas hispanas y empezaron a traer personas de color (morenos) y cada día venían menos hispanos a trabajar, fuimos muy pocos los que nos quedamos allí, algunos decían que les estaban checando los papeles y por eso los despedían, yo ya solo esperaba que me dijeran: usted ya no regrese, pero no fue así e incluso me dieron el cargo de líder de línea y me dieron un grupo de personas para trabajar.

Producción:

Ahora hablemos de producción, yo en realidad nunca había trabajado con los morenos en ningún lado, no tenía ni la remota idea de cómo era trabajar con ellos.

Pienso que la producción fue afectada en un %95 por ciento o más.

A mí me dieron un grupo como de veinte y dos para una sola línea, pero no creo que produjéramos el mismo tanto de tres hispanos, tanto así fue afectada la producción.

El primer día como líder de línea con puros morenitos, fuimos un desastre total. Fue el primer día en que se limitaron a que trabajáramos exactamente las ocho horas y nos enviaron a la casa, para mi esas fueron las ocho horas más largas de mi vida.

No sé si todos los de la raza morena sean así, o tal vez no debemos generalizar, pero la verdad es que ellos no querían trabajar, allí en la línea y en plena hora de trabajo se sentaban. Hasta ponían cajas de cartón y se sentaban solo hicimos cinco, paletas (palets) en todo el día y si te lo voy a repetir cinco paletas de chiles en ocho horas y conste que la última paleta cuando el montacargas la llevaba se le cayó porque no estaba bien amarrada con plástico.

Una señora hispana que a un estaba trabajando allí era líder de línea. Ese día me dijo que ella estaba muy decepcionada de la producción y que por eso ella ya no regresaría y así fue ella ya no regreso.

El siguiente día la línea que estaba a la derecha no tenía líder y me dijeron que debía trabajar yo en las dos líneas, al principio me gustó pues pensé que me podían dar más dinero pero en la hora del almuerzo fui a la oficina y me dijeron que ellos no podían ayudarme en nada me estaban pagando igual que a cualquier trabajador, yo les dije que solo ese día les iba a trabajar y ellos me dijeron que el siguiente día solo iba a tener que trabar en una línea yo les dije ya no más y así fue el siguiente día ya no regrese.

Por estos días vino un amigo a visitarme hace muchos años que no lo miraba, él y su esposa vino a visitarnos pues ellos viven en Detroit. Ellos vinieron y nos hablaron de un negocio que es muy bueno y que a ellos les está dando buenos resultados. Ellos son los causantes de que yo aprendiera ese buen habito de leer, habito que me está ayudando a convertirme en escritor.

Aceptamos su invitación nos asociamos a su compañía y salíamos juntos a buscar nuevos socios, lo único que me gustaba de esta oportunidad era que ellos me prestaban libros y a mí eso me encantó. Había pasado años preguntando por librerías en español y nadie sabía cómo encontrarlos, tenían muchos libros, tenían su librería en casa y para mi asombro de ellos dos que vivían solos, y nadie sabía leer, al principio me prestaron un libro y cuando lo terminaba de leer me daban otro pero al ver que yo me encantó mucho leer y muy rápido, me abrieron la puerta de su librería y podía agarrar el o los que yo quisiera, no me lo van a creer pero llegó un momento en que estaba leyendo dos o tres al mismo tiempo yo sé que tal vez no me creen pero me da igual porque así fue leí tantos libros como pude y todos eran de superación personal.

En mi primer libro: el injusto América, les comenté que yo en El Salvador fui formado en la iglesia católica como: doctrina social de la iglesia. Post- guerra, y la finalidad de este estudio era: provocar en los estudiantes le sed de conocimiento. Y tal parece que ya encontré el eslabón perdido, ese habito del cual yo había buscado por años, bueno el habito ya lo tenía lo que no encontraba era los libros y este es el habito que te puede sacar de cualquier problema, claro que primero es Dios pero también la educación de la mente es de vital importancia para lograr tus metas, sueños, logros, etc.

La compañía para la cual éramos socios se llama: AMWEY, me sorprendí al saber que existe una compañía que se preocupa por la educación mental de las personas no les daré muchos detalles sobre esta compañía aquí pero será más adelante, pero es tal el interés en educar a las personas que a mi amigo chaparrón y su esposa como no pueden leer les mandan audio libros (libros para escuchar) C Ds.

Descansé dos semanas y luego me fui a trabajar con un amigo en la construcción, al cabo de unas cuatro a seis semanas nos contaron que se habían organizado y que nos invitaron a formar parte de una demanda colectiva en contra de la compañía o empacadora de frutas y verduras para la cual habíamos trabajado, nosotros aceptamos con mucho gusto, yo personalmente me alegré de poder ser parte de esa demanda.

La primera vez que fuimos pudimos mirar a nuestros ex compañeros de trabajo y también muchas personas que no habían trabajado allí y estaban muy interesados en ayudarnos para ganar esa demanda, a toda persona que llegaba por primera vez y había sido empleada para esa compañía le pedían que contara su historia de lo que él había visto y oído, sobre todo de las injusticias de las que habíamos sido víctimas.

A pesar de que a un no teníamos un abogado nuestro ya para que nos asesorara nos sentíamos muy optimistas.

Yo continuaba leyendo los libros que me seguía prestando mi amigo Chaparrón y uno de los detalles que me atraíllan era que cada libro que me leo me dice o me invita a sacar ese liderazgo que llevo por dentro y creo que Dios me ha puesto en el lugar indicado.

Éramos un buen grupo de personas las que nos reuníamos y el local era muy pequeño, era un ciber café muy pequeño y no nos

> Vivimos tan ocupados en nuestra vida haciendo dinero que, el día de nuestro funeral no hay ni un centavo. (a.p.)

dejaban hablar muy duro además como organización éramos un desorden, todos queríamos hablar, nadie tomaba notas, y nos reuníamos o se reunían los miércoles a las cinco de la tarde, les digo que se reunían porque desde que nosotros llegamos empezamos a sugerir que cambiáramos varias cosas que no están muy bien. Por ejemplo: buscar un lugar más grande para para las reuniones, la hora en que se reunían no era la más adecuada, ser ordenados para hablar o poner un regidor (alguien que rija la reunión), como reclutar más personas afectadas por la demanda, etc. pienso que éramos unos veinte y ya nos miraban mal, por el espacio que ocupábamos y luego algunos llevan sus hijos pequeños.

Al mirar esa cantidad de personas puedo decir que no estamos ni el cinco por ciento de los trabajadores afectados o interesados.

Yo personalmente hable con el padre de mi parroquia a la cual yo era activo, pero me salió con tantos pretextos que me salió muy fácil comprender que lo que él me estaba diciendo era que: no, tal vez porque unas semanas antes habíamos discutido muy fuerte y en medio de las personas que salían de misa. Trataré de explicarles eso muy breve. En ese tiempo una cadena de tiendas muy famosas de aquí de Michigan le había dado por llamarles la migra a las personas hispanas que por alguna razón no podían demostrar en el interior de sus tiendas su estadía legal en este país, por ejemplo: en esas tiendas se puede decir que hay de todo, tú vas a comprar y luego piensas aquí mismo puedo pagar mi recibo de la luz, gas, teléfono, etc. y te piden un documento y no tienes un documento de este país, no te dejaban salir de allí y el padre en su homilía dijo que eso era mentira que alguien lo había inventado que por favor que fuéramos a comprar allí. De sobra sabíamos que habían deportado a algunos miembros de la misma iglesia por ese mismo motivo, en ese momento mi rostro cambió de color mi esposa me miró y rápido comprendió y me dijo tranquilo, yo sentí como si me agarraron de las orejas y me levantaron, me fui a la entrada donde él se ponía a despedir a los fieles y le reclamé, el me acusó que quizás yo había inventado eso y otros empezaron a decirle que era cierto yo creo que se le armó muy grande el problema yo me fui rápido y lo dejé con los demás discutiendo.

Bueno al parecer que yo no tuve mucha suerte, pero los demás compañeros si consiguieron que nos podíamos reunir en una iglesia presbiteriana y está muy grande y nos vamos a reunir los domingos de tres a cinco de la tarde, la iglesia está ubicada en la calle Writaker y Vernor en el mismo Detroit, allí alguien contacto a un bufette de abogados llamados: Sugar Low Center, ellos se convirtieron en nuestros abogados oficiales de nuestra demanda.

Uno de los objetivos de este capítulo es enseñarles las tácticas que usamos para reclutar más personas para nuestra organización, buscar otras organizaciones que nos ayuden, y por último como ejercer presión sobre las compañías cuando no quieren negociar.

Quiero poner un poco más de énfasis en esto porque puede ayudar en futuros proyectos, una de las cosas que pueden ayudar en el futuro es las diferentes formas de llamar la atención de las cuales les vamos a estar comentando más adelante (las partes más sensibles de una compañía) o corporaciones que no quieren aceptar su responsabilidad ante las injusticias que cometen sus empleados con sus mismos empleados y todo por obtener más producción para la compañía que representan.

Teníamos un buen grupo de personas, pero no teníamos experiencia, empezamos por escuchar una lluvia de ideas, ósea darle la oportunidad a todos para que diéramos ideas de lo que debíamos hacer allí empezamos a mirar que nadie estaba tomando notas y mi idea fue elegir una directiva para que nos representara, que por cierto fue la única idea que fue aplaudida por todos, yo me sentí muy bien conmigo mismo.

Presidente:

Vicepresidente:

Secretario:

Tesorero:

Vocal:

Juntos llegamos a la conclusión que debíamos hacer nuestra primera marcha de protesta en la calle frente a la compañía que nos había hecho tanto daño.

Antes los abogados nos reunieron para escuchar nuestras historias y enumerar las faltas por las cuales estábamos haciendo esto, por ejemplo. Las partes donde nos habían robado por el transporte nos cobraban siete dólares por día por persona, por el gafete o carnet que debíamos traer mientras estábamos dentro de la planta nos cobraban diez dólares por cada vez que se nos perdía, luego que nos obligaban a viajar en las camionetas y eso es ilegal, las largas jornadas de trabajo que nos obligaban a ser.

Yo recuerdo que yo un día decidí llevarme mi carrito era un carrito pequeño de cuatro puertas. Llegué muy bien todo el día muy bien el problema se presentó cuando nos queríamos regresar el carro estaba cubierto de estiquers…sobre todo en el frente no podía conducir en los estiquers … decía que ese carro no estaba autorizado para estar allí y que la próxima vez llamarían a una grúa para que lo sacaran de allí.

Fue en ese tiempo en que nos dimos cuenta que eran dos las compañías a las cuales debíamos demandar.

Los abogados nuestros empezaron a hacer muchos intentos fallidos para lograr reunirse con los otros abogados. La única forma en que aceptaron reunirse con nuestros abogados fue hasta después de la primera protesta que fue frente a la planta de los chiles, algunas organizaciones que ayudaron en la primera marcha fueron: Michigan United nos donó 500 camisas verde para dicha campaña, one Michigan y uaw local 600 (unión) en esa protesta conocimos a un senador de Michigan y él nos dijo que tenemos todo su apoyo y que no esperaba en su oficina para que le demos más detalles de que era nuestra campaña.

Después de esta demostración los abogados aceptaron reunirse con nuestros abogados, nosotros que ya teníamos un nombre para nuestra organización es: organización de trabajadores hispanos unidos de Detroit. y se me olvidaba mencionarles que fui elegido para ser el presidente de dicha organización. Nos reuníamos todos los días domingos de 3:00 a 5:00 pm en la

La confianza no significa certeza que lo que va a realizar será un éxito, significa que usted ara su mejor esfuerzo (A. desconocido)

antes mencionada iglesia, cuando nuestros abogados
vinieron a reunirse con nosotros después que se avían
reunidos con los otros abogados nos contaron como
había sido su primera reunión, venían bastantes
decepcionados dicen que nos trataron de locos, de
ignorantes he hicieron resaltar en varias veces el
detalle que todos los trabajadores habíamos olvidamos
decirles y era que la mayor parte de las personas
involucradas en la demanda (trabajadores) somos
indocumentados. Nosotros la directiva empezamos
a buscar las partes débiles de la compañía y hacer
bancos de llamada o convocatorias de trabajadores
afectados o que se podían beneficiar de nuestra
demanda y empezamos buscar información sobre
sus proveedores y clientes potenciales pues ellos se
habían mostrado muy rebeldes y decidimos hacer
protestas frentes a esos lugares.

Preparamos personas exclusivamente para
hablar con la prensa pues era muy lógico que ellos
allí estarían y eso era de vital importancia para
nosotros, también preparamos a otros compañeros
para hablar con los encargados de las diferentes
tiendas donde nos disponíamos a hacer nuestras
protestas, la intención es: contarles quien somos,
que asemos, porque estamos aquí y si está en sus
manos cancelar los contratos que tengan con esta
compañía que les provee: chiles, pepinos, tomates,
entre otros.

Algunos de ellos no nos miraban de buena forma, pero no podían hacer nada en contra de nosotros y solo nos pedían de favor que no estorbemos en nada y que todo está muy bien pero generalmente los clientes de dichos lugares llegaban a nosotros a preguntar porque estábamos haciendo eso.

Lo que nos ponía muy nerviosos era que muy pronto llegaba la policía, pero ya teníamos a alguien preparado para hablar con ellos, personalmente pienso que lo que más nos asustaba era que la mayor parte de personas éramos indocumentadas.

Lo primero que asíamos al llegar a la tienda era enviar a alguien que mirara si tenían el producto de la compañía donde éramos ex trabajadores.

Algunos clientes de las tiendas se nos acercaban y nos preguntaban porque o que estábamos haciendo y nosotros de antemano teníamos compañeros preparados para responder a esa gente luego ellos terminaban dando muestras de apoyo hacia nosotros y algunos de ellos hasta se unían a nuestra protesta.

Luego decidimos ir a Washington a visitar a nuestros senadores y contarles lo que aquí estaba sucediendo y pedir ayuda para poder ganar esta demanda y costeando cada uno sus propios gastos nos fuimos a Washington. alquilamos un carro y nos fuimos manejando fue con nosotros un periodista francés llamado; John, él se nos había pegado como un chicle a la organización, a pesar de no hablar español, él siempre nos acompañaba en todas las actividades de la organización, pienso que él tendría unos veinticinco años. Él nos decía que venía desde Francia a hacer su tesis aquí y luego debía regresar a su país, el hacía muchas preguntas, él nos ayudaba con algunos gastos y siempre insistió en que debían enseñarnos liderazgo y así fue, yo sé que no fue nada fácil pero lo hicimos al principio fue muy difícil sobre todo porque éramos muy miedosos, sobre todo porque los abogados de las otras compañías ya habían mencionado que en cualquier momento nos llamarían a la migra y nosotros le teníamos mucho miedo a esa palabra: migra, de sobra sabemos que ellos solo querían intimidarnos para que abandonáramos la demanda y dar marcha atrás a nuestro objetivo pero día a día nuestra fe nos mantenía con vida y más unidos que nunca pues nos reuníamos todos los domingos de tres a cinco pm en la iglesia antes mencionada, antes de cada reunión orábamos junto al pastor de la iglesia, a la vez el pastor nos animaba a seguir, luego dábamos la bienvenida, luego un informe de algunos cambios o algunas noticias nuevas, buenas o malas de lo que estaba pasando con nuestra demanda, luego un pequeño taller de o capacitación sobre liderazgo ejemplo: apoyamos a otras organizaciones que también nos apoyaban a nosotros a hacer campanas pro inmigración, como formar cooperativas. para lo cual fuimos hasta Chicago para aprender, como llenar algunas aplicaciones, ejemplo: FOIA (antecedentes penales), TPS (solicitud de permiso de trabajo), DACA,(permiso de trabajo para menores), etc. el problema con estos talleres fue que todo lo dieron en inglés y nosotros ni hablamos ni escribimos ingles pero por ejemplo yo no pude entender estos talleres pero mi hija Helen que estaba haciendo la escuela alta (high school) ella pudo aprender mucho de eso y después pudo ayudar a más personas. Dicho de otra forma, estos talleres los aprovecharon nuestros hijos, hermanos, vecinos, etc.

Aparte de estos talleres nuestra demanda seguía su curso, también tuvimos la oportunidad de conocer a nuestra representación política en el congreso y senado. como organización tuvimos una muy bonita amistad con el senador John Canior (no sé cómo se escribe) él siempre nos enviaba saludos y nos mandaba a decir que él estaba para servirnos e incluso en ese tiempo aquí en el estado de Michigan se propuso una ley, que no pudiera reclamar impuestos aquellas personas que no tuvieran un numero de segura social válido y nosotros como organización fuimos a su oficina para pedir que esa ley no pasara porque nos aria mucho daño.

También pudimos conocer a el legislador Gary Peter a él lo miramos muchas veces en diferentes eventos públicos e incluso a mí me dieron la oportunidad de hablar sobre las causas que originan la migración en un evento que realizamos en la iglesia Hollyderimer (no sé cómo se pronuncia en español) donde pudimos sacarle algunas lágrimas cuando le mencionamos las historias de pobreza que vivimos en nuestros países.

Adquirimos mucho conocimiento mientras aprendíamos muchas y mejores cosas, y uno de mis mejores logros fue: vencer mis miedos, tampoco digo que debemos meternos en problemas no digo eso, pero quiero resaltar lo sorprendente que puede hacer en nosotros nuestros miedos y los grandes logros que puedes llegar a obtener cuando logras vencerlos.

Recuerdo que marchamos muchas veces para el 5 de mayo en Detroit era una fiesta en grande terminábamos afónicos por los gritos, porras, canciones, etc. y como nos divertíamos también cabe resaltar que tuvimos muchos talleres de organizadores yo personalmente y por un corto tiempo llegue a tener un sueldo como organizador buscando nuevas demandas en otras compañías que estuvieran irrespetando os derechos de los trabajadores para demandarlos.

Los abogados de Sugar Law Center se convirtieron

> Soy más de lo que aparento ser, toda la fuerza y el poder del mundo están en mi interior (t /d. libro, el monje que vendió su Ferrari)

en nuestra arma secreta y una vez al mes nos visitaban

a nuestras juntas ellos no podían acompañarnos a las marchas que hacíamos, por ética o al menos eso era lo que nos decían pero a nosotros eso nos tenía sin cuidado conocimos muchas compañías que irrespetaban los derechos del trabajador cuyos nombres por ahora nos reservamos nos tropezamos con una compañía que tenía muchas personas trabajando en su mayoría eran morenos (de la raza morena) les pagaban a 12 dólares por hora luego vino alguien con una larga lista de personas hispanas y en 3 días despidieron alrededor de 70 a 90 personas de la raza de color trayendo así a unos 30 a 40 personas hispanas y producíamos más y nuestra paga era de 8.25 por hora el detalle fue que los pocos (morenos) que quedaron nos contaron lo que había sucedido y al cabo de algunas semanas nos empezamos a organizar cuando ellos se dieron cuenta empezaron a investigarnos sobre todo nuestro estatus migratorio y era efectivo que la mayor parte de nosotros éramos indocumentados (incluido yo) hasta que nos despidieron semanas después los llevamos a la corte inicio formalmente un juicio en su contra también les ganamos el caso.

Estas cosas sucedían mientras continuaba nuestra gran campaña o nuestra gran demanda.

Hay algo muy esencial que hemos aprendido entre tantas cosas. Y es que a las grandes compañías: no les importa pagar dinero por demandas

> Hay oportunidades que te traen más dolor que placer (A.P.)
>
> Las cosas que nos regalan son las que más nos empobrecen (A.P.)

eso para ellos no es problema, al final son las aseguranzas las que pagan, pero si quieres tocar lo más sensible de una compañía es su dignidad, su imagen, su autoestima como compañía, etc. y cuando toques esas partes tan frágiles de una compañía la abras doblegado a tus pies o la tendrás en tus manos y aran lo que tú les pides ósea habrás triunfado sobre ellos y eso lo tenemos muy verificado con esta demanda que estamos lidiando.

Ahora quisiera contarles algunas porras que nosotros hicimos para esta demanda.

1) Chile, pepino, y tomate – estamos en combate.

2) Arriba, abajo, (el nombre de la compañía) al carajo

3) Si se puede

4) Que queremos R// justicia

Cuando   R// ahora

La compañía para quien trabajamos y la compañía que nos contrataba eran diferentes compañías y a la hora en que se juntaban para debatir acuerdos sobre la demanda se la pasaban tirándose la pelota ósea culpándose unos a otros. Hasta que por fin llegaron a un acuerdo que pagarían partes iguales pagando así un total de 7 dólares por día por persona llegando a un total de 800mil dólares por toda una demanda que envolvía a casi 2 mil personas entre ellas muchas que solo trabajaron entre tres y 5 días pues cuando miraban el trato que les daban y lo poco que les pagaban se alejaban y no regresaban mientras algunos pocos que tenían de entre tres a cinco años y entre ellos me contaba yo y mi esposa.

Hicimos muchos intentos por localizar a todas las personas y la gran mayoría padecía de miedo algunas señoras decían que hasta les podían quitar a sus hijos si se metían a esa demanda, que les podían echar la migración, que no porque estamos muy bien así es más nos daban toda clase de escusas eso solo tiene un nombre se llama "miedo".

Una cosa más que aprendimos fue como reclutar personas, el uno a uno (one by one) con la intención de encontrar a la mayor parte de personas involucradas en el problema y que de alguna forma pudieran sacar algún provecho económico o educacional del proceso que estamos llevando y digo provecho porque en lo personal yo ya entiendo que ganar no es solo el efectivo que llega a mi bolsa sino también lo que y mejor se gana es lo que se aprende y yo en esta aventura he aprendido mucho y no sobre demandas políticos sino sobre nuestra posición social, sobre nuestra mente de él porque somos pobres y estas son algunas de las cosas que no nos ensenan en la escuela, también conocimos políticos y personas de gran importancia.

Me da mucha tristeza al ver a mi pueblo tomar esa actitud entre todos sus pretextos para no apoyarnos o apoyar sus propios miedos encontramos los siguientes pretextos

a) Me pueden deportar
b) No tengo tiempo
c) Ellos son muy poderosos
d) Me pueden quitar mis hijos
e) Somos muy débiles
f) Deben olvidarse de eso
g) No tenemos derechos
h) No hablamos ingles etc.

Y no vamos a negar que son pretextos válidos, aunque al final solo son pretextos y digo validos o entendibles por las experiencias que antes hemos vivido tal vez.

En cierta ocasión nos tocó que ir a la corte en apoyo a nuestra demanda quiero contarles que casi todos íbamos muy nerviosos, con mucho miedo, algunos nunca habíamos entrado a un lugar como ese, luego no teníamos un documento válido a mi como a otros me tuvieron un largo rato preguntándome porque no tenía un documento válido pero yo les decía que no les entendía al cabo de unos minutos me dejaron entrar y para mí eso ya era una victoria "poder vencer ese miedo" lo bueno fue que ninguno de nosotros debíamos responder alguna pregunta después de no tener un documento válido, no hablamos inglés y a eso se le suma lo nervioso y con miedo que estamos, algunos de nosotros ni siquiera conocíamos el centro de la ciudad de Detroit por miedo pero yo creo que ya aprendimos a vencer nuestro miedo y eso ya es mucho ganar o ganar mucho.

El miedo

Desde que salí de mi país con destino a USA, aprendí a tenerle miedo a todos los que portaban un arma desde un vigilante, policía, soldado, etc. pero ya estoy aprendiendo a tener valor y a no meterme en problemas y a valorar lo que el miedo nos priva de hacer y debemos decir que son muchas cosas las que por miedo no hacemos. Quizás se pudieran escribir muchos libros para decir todo lo que el miedo no nos deja hacer.

Es natural tener miedo, el miedo viene con nosotros desde que nacemos el viene incluido en el paquete es mas en alguna ocasión ha sido el miedo pieza fundamental para nuestra protección, bueno debemos resaltar que primero siempre es dios pero también el miedo ha sido fundamental para nuestra protección ha sido ese sexto sentido quien nos ha dicho: vete de aquí, apártate de ahí ese tipo está muy grande, cúbrete ahí, corre por tu vida, no mientas, entre otras cosas, ósea tener miedo es natural, vencerlo es otro nivel.

Luego que salimos de la corte nos reunimos con los abogados hasta ese momento no sabíamos que había pasado en la corte porque no entendíamos nada de inglés y los abogados nos explicaron que había sucedido yo fui uno de los que no entendí nada, pero gracias a Dios fueron buenas noticias. Nos dijeron que el juez estaba de muy buenas y que él deseaba de que todo terminara muy pronto y de la mejor forma posible luego regresamos a la iglesia donde nos reuníamos todos los domingos ahí habíamos dejado los carros ahí hicimos oración antes de ir a la corte y después de venir de la corte.

Mientras tanto nosotros continuábamos reuniéndolos los domingos y apoyando las diferentes actividades de otras organizaciones sin fines de lucro y también a continuar planeando diferente talleres vocacionales uno de los talleres que más me gusto fue los talleres de derechos en el trabajo, como empoderar a las personas a la hora de exigir sus derechos ya fuera como trabajador o al ser arrestado por la policía o por la misma migración una de las tácticas que más nos dio buenos resultados fue los bancos de llamadas esta actividad consistía en reunirnos un par de horas y hacer llamadas a diferentes personas e invitarlos a ser parte de nuestra organización.

Apoyábamos a otras organizaciones en sus objetivos y cuando nosotros hacíamos nuestras actividades ellos nos apoyaban algunas de estas instituciones fueron; one Michigan, iglesia presbiteriana, local 600 (unión), Michigan United, comunidad los del camino, escuela avancemos, empleados de la empacadora, ex empleados del estaffing, ex empleados de la empacadora (eran dos empacadoras diferentes), Sugar Low Center, Holy Redimer, iglesia la casa de mi padre, entre otros.

En nuestras actividades algunas veces recaudamos fondos y eso se usaba para ayudar algunos jóvenes de

- **El hombre es, un espectador de sí mismo. *en esta vida todos somos vendedores. (A.P.)**

escasos recursos. En procesos de inmigración, ejemplo: pagos de permisos de trabajo para jóvenes DACA, (sus siglas en inglés) también ayudábamos en algunos gastos de la iglesia, y siempre apoyábamos económicamente a algunos de la organización que estuvieran más jodidos (económicamente) también asíamos plantones frente a las oficinas de la migra (ICE) cuando arrestaban a alguien y nos lo pedían o cuando las cosas lo requerían, todas estas actividades y más.

Nosotros como organización los apoyábamos totalmente, e incluso muchas de estas actividades cuando nos reunimos ellos empezaron a traerlas para nuestra reunión ejemplo: los talleres que ellos hacían los venían hacer a nuestra junta y en nuestro local y nosotros que la mayor parte éramos adultos llevábamos a nuestros hijos o hermanos menores para unirnos con ellos y hacer más grande el movimiento. Ellos nos ayudaban a nosotros cuando asíamos banco de llamadas, de lo cual quiero dar más detalles más adelante. También nos ayudaban cuando teníamos que hacer pancartas para cuando asíamos marchas o darle publicidad a algo pues a ellos le encanta mucho dibujar, pintar, hacer desorden, entre otros pues son jóvenes ayudando a jóvenes.

Ahora quiero contarles de cómo fue la relación con la iglesia presbiteriana y como nos apoyamos, sus pastores y sus fieles fueron mucha ayuda en nuestra lucha, nuestra reunión semanal era los domingos a las 3 pm y ellos asían o asen sus cultos esos días pero ellos lo hacen a las 12 del mediodía mucho de los nuestros nos veníamos más temprano para participar con ellos en el culto y algunos de ellos se quedaban en nuestras reuniones e incluso el pastor siempre nos hacia la oración de inicio y de final y luego ellos nunca nos pidieron ayuda económica.

Ahora quiero hablarle de nuestra relación con el local 600 la unión, ellos siempre nos apoyaban a través de una señora organizadora cuyo nombre meló reservo, uno de sus hábitos por el cual yo la recuerdo es que ella hablaba mucho o demasiado, si a ella le preguntabas ¿disculpe de qué color son sus zapatos? ella te miraba, respiraba profundo y te miraba y decía: mire mis zapatos fueron hechos en China. Por la compañía (xxxxx) sus credenciales son (xxxxx) la dirección exacta es (xxxxx) el tipo de cuero de él que estaban hechos, el tipo de pegamento que se usó, el nombre del dueño de la compañía, país donde se fabricó, cuantos clavos lleva cada zapato, que medida son los clavos, que marca son los clavos, forma de transporte, (carro, avión, barco, etc.) precio del fabricante, precio al público, cadena de tiendas, o forma de distribución, etc. y al cabo de algunos seis a diez minutos cuando ya estaba cansada te decía: repítame la pregunta por favor o te decía y y y mis zapatos son negros en realidad yo ya no sé que decía durante en el lapso de ese tiempo, como ya la conocía lo que ella iba a ser me acomodaba, me tranquilizaba y quizás hasta empezaba a ignorarla, por momentos deseaba agarrar la del cuello y bueno ya lo saben o lo imaginan e incluso les pedía a algunos que por favor que si no era necesario que no le preguntáramos nada pero eso era antes que ella llegara a la reunión pues ese era otro habito malo que ella tenía: venir siempre tarde pero eso era cuando ella no había llegado aún a la junta, a pesar que yo siempre la respete, se nos hacía muy difícil cuando ella nos daba alguna charla o capacitación pues ellos nos daban las capacitaciones de salud y seguridad en el trabajo. Nos costaba mucho terminar un tema, también ellos como una unión siempre nos ponían su local a la disposición nuestra para cualquier evento nuestro, así como también algunas de ellos que nos apoyaban con su preferencia.

Ahora quiero hablarles de cómo era nuestra relación con Michigan united, su manager nos ayudó donando las camisas de color verde que ocupamos en la primera marcha frente a las instalaciones de la planta empacadora de frutas y verduras, también nos ayudaron con la publicidad, material didáctico, transporte a los eventos, ellos nos acompañaron en el primer viaje a Washington a visitar algunos senadores y contarles sobre nuestra demanda, nos unimos en algunas marchas, los apoyamos en algunos

plantones frente a las oficinas de inmigración, ellos
nos apoyaron en nuestras marchas frente a algunas
negocios donde se vendía el producto de la compañía
que nos había maltratado.

Ahora quiero hablarles de la comunidad los del
camino: ellos tenían sus cultos los sábados a las 6 pm
en la misma iglesia presbiteriano donde nosotros nos
reuníamos, algunos de los nuestros se reunieron a
participar en sus cultos y de esa forma ellos se daban
cuenta de nuestras actividades y nos apoyaban,
también cuando se dieron cuenta de lo que nosotros
asíamos nos contaban que ellos también habían
trabajado allí en ese lugar, muchas veces el pastor de
ellos vino a nuestra junta y nos hizo oración y nos
daba mucho ánimo para seguir.

Escuela avancemos en su cede se reunían los
muchachos de one Michigan, muchos de los niños
que allí estudiaban eran hijos de nuestros miembros
activos, la escuela siempre nos dio acceso para hacer
cualquier actividad en su predio, hacer avisos de
cualquier forma ya sea oral o por escrito, voluntarios
para repartir volantes, y apoyo en nuestras
actividades.

Ahora quiero hablarles de la primera empacadora
de frutas y verduras: esa compañía hacia lo mismo
que la segunda empacaban verduras y frutas, cuando
nosotros llegamos a esa planta a trabajar tenían a
puros morenitos y les pagaban a $12 x h, cuando

llegamos nosotros nos pagaron a $8 x h. y empezaron a despedir a los morenitos a sacarlos fuera en un solo día, despidieron a 67 personas y a traer hispanos, claro que si les traería mucha ganancia y nosotros empezábamos a lidiar con la serie de problemas que tenían ellos y uno fue que el lugar era muy encerrado y los hi-lo son de gas y ese gas se encerraba y nos empezaba a ser daño, algunas mujeres se empezaban a desmayar. Los morenitos se fueron a corte y algunos de nosotros hemos decidido apoyarlos vamos a corte como testigos de lo que paso con ellos (los morenitos) y muy pronto empiezan a mirarlos diferente a nosotros (la administración) y en pocas semanas llenamos la planta de puros hispanos, y mucha producción y también las quejas y los primero intentos por traer una unión, a ellos no les gustaba para nada la idea, y empezó aquella batalla campal, uno de los problemas fue que los jefes altos de la compañía nunca daban la cara para hablar con ellos y exponerles los problemas que estábamos pasando y solo podíamos mandarles a decir lo que pensábamos, ellos nos juegan sucio nos empezaban a checar los papeles y empezaban a despedirnos y a mí me mandaron una carta de ultimátum o sea una semana para entregar un numero de social bueno con mi nombre y en esa semana que nos queda de poder estar aquí debíamos fijar una fecha para irnos a votación sobre si traemos o asemos la unión o no y negociar si los ex empleados podrían votar, esto se ha vuelto a una batalla campal, ellos no quieren que se haga la unión. Ni quieren escuchar nuestras necesidades, ye se acabó la semana que teníamos para negociar y nos despidieron, quedamos fuera y desde aquí se pone más difícil. En un mes tendremos que regresar a votar, y empezamos a ver algunos morenos trabajando allí, los morenos ganan su demanda, pero no sabemos que beneficios obtuvieron por haber ganado su demanda, pero si están muy agradecidos por el apoyo que les brindamos. Llegó el día de la votación y perdimos. algunos ex trabajadores no nos dejaron votar como habíamos acordado, pero ya hay una demanda puesta por parte nuestra, y una vez más nos llamaron para ser testigos. no sé porque este proceso de corte termino tan rápido y nos dejó muchas preguntas sin respuestas, hasta parece que los nuestros se vendieron y es que nos dicen que ganamos pero que fue el castigo que le dieron a la compañía: la compañía a través de un periódico local debía pedir disculpas por el error cometido (debía hacer pública su disculpa) y dentro su compañía todos los día antes de comenzar su jornada laboral a los empleados se les debía reunir y leer el documento donde ellos piden disculpas a los trabajadores por el error antes cometido y eso era su cruel castigo y eso es todo, y nada más y a nosotros que o que o porque sin más explicaciones así como así, los ex trabajadores quedamos como tontos y de presto no se volvió a mencionar nada.

A h o r a q u i e r o hablarles de la staffing que nos contrató: la palabra

> Mientras más pausas tengas en la vida, más pausas tendrá la muerte para llegar. (A.P.)

staffing se refiere a la contratación de las personas o trabajadores para otras compañías y era ella la que nos contrataba y la que nos llevaba a trabajar a la compañía donde empacábamos frutas y verduras y donde recibimos una serie de discriminaciones entre algunos: abusos, robos, gritos, etc. y quisiera describir unas formas de cómo nos maltrataba y fueron esas dos compañías (staffing y empacadora) las que nos debe responder antes la corte allí en esa compañía de staffing todo se podilla arreglar si se trataba de ir a trabajar, hasta los papeles allí se podían arreglar, ellos a la hora de traer gente para trabajar siempre lo tenían aunque fuera gente de esa que vivía en la calle ellos se los llevaban todos a trabajar.

A mucha gente esta compañía les robaba su cheque de la semana y cuando les reclamabas te salían con tantas cosas que mejor olvidarlo, una de esas víctimas fue la cuñada a ella le robaron el ultimo cheque y no encontró forma a que se lo devuelven. Esta compañía era la que nos obliga va a viajar en sus camionetas y nos cobraban x dólares por el día y por persona y es la misma la que nos cobra por los gafetes por cada uno y digo cada uno por que seguido se nos perdía.

La palabra staffing, se parece mucho a la palabra estafa (robar).

Empacadora

Ahora quiero hablarles de la compañía empacadora ella fue la compañía a la que le trabajamos, la staffing nos contrató para trabajar para la compañía empacadora, y por eso las dos compañías se vieron involucradas en la demanda y muy directamente, esta compañía cuando empezó era muy pobre asíamos las líneas de trabajo con paletas de madera (pallets) Y encima trabajamos y solo eran unas tres o cuatro líneas, había mucho americanos también había morenos pero cuando empezamos a llegar los hispanos la producción subió y buscaron nuevos clientes y en el tiempo en que los salimos quedaron unas veinte a treinta líneas, se empezó a trabajar chile y cuando nos fuimos se trabajaba: pepino, chile, tomate, sandia, elote, entre otros. De estas dos últimas compañías no les hablare mucho (aquí) pues al principio les conté todo lo malo que con nosotros se portaron.

El lado más sensible de las compañías es su imagen, su dignidad, y su auto estima como empresa.

Ahora quiero hablar les de los bancos de llamadas: esto fue una excelente forma de reclutar personas para nuestra organización, esta no era una organización sino solo un sistema muy efectivo de atraer más personas a nuestras reuniones, nuestra demanda incluyo aproximadamente a 4,500 personas, el problema mayor fue localizarlas que era justo lo que asíamos en los bancos de llamadas.

En los uno a uno que asíamos les preguntábamos a la gente que si habían trabajado para algunas de estas compañías y si deseaban ser parte de esta demanda o si ellos sabían de alguien que había sido empleado que nos proporcionaran el teléfono o dirección de estas personas para nosotros contactarla y saber si quería ser parte de nuestra demanda.

Desgraciadamente el obstáculo más grande que pudimos encontrar fue el miedo, las persona era lo primero de lo que nos hablaban: es que no teníamos papeles y nos pueden echar la migra y nos deportan. Y este ignorante miedo le resto mucha fuerza a nuestra demanda.

En realidad, los bancos de llamadas eran: un día, lugar, y hora para contactos (hacer llamadas telefónicas) a personas exempleadas de las compañías antes mencionadas para ser parte de nuestra demanda, y también personas que no hubieron sido exempleados o instituciones que decidieron ayudarnos en pro de nuestros derechos.

No basta con estar ocupado la pregunta es: ¿con que estas ocupado? (Henry D. Thorean)
Si cuidaremos cada minuto, los años se cuidarían a si mismos (Benjamín Franklin)

Ahora hablaremos de Sugar Law Center: ello son el buffet de abogados que nos representó ante la corte, nos guiaron paso a paso. No nos acompañaron nunca a actos públicos por cuestiones de ética una vez cada mes venían a nuestra reunión semanal. Unos representantes de ellos fueron malos, para otros ellos fueron muy buenos. Y de esa forma ellos nos mantenían informados de los logros o derrotes que íbamos teniendo, ya sea en las cortes o en reuniones extraoficiales que ellos tenían.

Ahora quiero hablarles de Holyredimer, esta iglesia católica nos colabora mucho a algunos de nuestros miembros, nos ayudaron con los billes cuando no podíamos pagarlos. Esta iglesia es la diócesis de Michigan por lo tanto hicimos muy buena relación con el señor obispo, ellos también nos pusieron a nuestra disposición un salón para eventos muy grande que tenía la iglesia y en ese lugar hicimos algunas actividades muy grandes. Invitamos a senadores, legisladores, etc. y vinieron a nuestras actividades, ellos siempre nos apoyaron (Holyderimer).

Platos- esta compañía de dedica a fabricar platos y vasos desechables y carrealidad. Ellos no nos colaboraron en nada y yo la estoy poniendo aquí porque fue una más de las que teníamos en la lista para demandarlos e incluso iniciamos un proceso de investigación y sabíamos que aquí tratan muy mal las personas y a mí eso no me lo han contado, yo lo viví, yo trabajé allí y pude constatar estas cosas que ahora digo.

En la época del verano ase un terrible calor insoportable y yo miraba como algunas personas (mujeres) caían desmayadas por la deshidratación y a ellos no les importan pues a ellos no les hace nada y aquellas mujeres corriendo detrás de los platos.

Yo me cori de ese trabajo porque me pusieron una advertencia (warning) porque no alcance a sacar todo el trabajo que me pusieron. Nos daban 2 descansos y yo algunas veces no podía tomar ninguno con tal de sacar el trabajo que teníamos que hacer y al final el jefe me obligo a firmar el documento donde aceptaba que era mi culpa el no terminar mi trabajo.

Eso me suena mucho a esclavitud moderna y la unión donde está, haaa ella solo existe para hacer los cobros eso fue lo que me dijeron los compañeros.

Como organización nosotros teníamos muchas ganas de llevarlos a corte, y al principio todos estábamos de acuerdo, pero poco a poco nos fue ganando el miedo, había una señora que trabajaba para la otra unión en el local 600 y ella nos ayudaba mucho, esa señora nos apoyaba con todo, nos donaba muchas cosas para las marchas y la señora era la que si tú le preguntabas de qué color eran sus zapatos. Ella empezaba por decirle: quien los hizo, donde los hizo, porque los hizo, y después de unos siete a diez minutos de estar hablando respiraba ya cansada te decía "me puede repetir la pregunta".

Ella empezó a infundir miedo entre nosotros, yo creo que al principio ella no me creía que podíamos ocasionarles problemas tal vez porque era la unión, pero poco a poco nos fue intimidando asta abandonar el proyecto y es que ya teníamos varios empleados muy interesados en sacar la unión de esa planta.

Yo también ya llevaba rencor con esa compañía porque Kenia (mi esposa) allí perdió su cuarto bebe y por el tiempo que ella perdió después de su aborto la despidieron. Algo que aún no cabe en mi cabeza, y de la unión no se sabe nada, de la unión solo se sabe que cobran parte de tu sueldo.

Para iniciar esta campaña en contra de esta compañía se consiguieron fondos para dos personas en part time o sea a medio tiempo, pero esa señora se encargó de que retiraran ese dinero, pero eso no nos detuvo para continuar con nuestra demanda en contra de la compañía de los chiles. Gracias a esa demanda conocimos a varios políticos, locales, y otros a quienes les pedimos su apoyo para lograrlo y también les hablamos acerca de la necesidad de una reforma migratoria justa e integral, conocimos mucha gente que lucha al diario por eso, representamos a el estado de Michigan en la convención award del medio oeste en chicago 2014, recibimos talleres de cómo formar cooperativas, como abrir nuevos negocios, también aquí en Michigan tuvimos diferentes talleres tales como: folla, tps, taxes, etc. gratis para los miembros de la organización de trabajadores hispanos unidos de Detroit también se daban clases de inglés. Todo esto con la intención de mantener activa la organización y no fue fácil, la gente lo único que miraba era el dinero ¿Cuándo viene el dinero? Era la pregunta más frecuente que se escuchaba e incluso a algunas personas que se invitaban a las juntas como si ellos estaban presentes y cuando dieron el dinero que ellos nos iban a dar una parte de ese dinero porque ellos no tenían tiempo pues solo miran el dinero y nunca miran lo más esencial que es lo que se aprende (conceptos de educación) nosotros pensamos así i si tengo un negocio y en dos o tres semanas no me genera ganancias eso no sirve y debo serrarlo. Esa es la forma de pensar nuestra y por eso también fracasamos.

Salir de nuestra pobreza es una obligación lo dice la biblia en la parábola de los Talentos.

El problema mayor es que nosotros somos muy buenos para trabajar para otros y no para nosotros mismos y esto empieza en nuestra "educación" en la escuela ¿bueno si a eso se le puede llamar educación? Mi amigo que vive en Cleveland oh, dice (Misael) que el problema de educación en Centro América es que no nos educan sino que nos domestican a su antojo, nos enseñan cómo ser un bueno empleado.

Aparte de eso ya son muchas generaciones que se nos ha dicho que somos pobres y eso ya nos lo creímos.

Nosotros no somos pobres nosotros somos: mal informados, mal para educarnos y yo estoy convencido que si usted no se educa su mente no saldremos del charco, lodo, jaula mental, en que estamos y es que se vuelve como arena movediza. Quieres hacer algo y te hundes más, luego tu mente no te ayuda mucho.

Y cosas como esta eran las que los infundíamos a los asistentes a nuestras juntas les dimos muchas opciones de como abrir nuestros propios negocios pero las personas no quieren eso, ellos solo querían el dinerito de la demanda lo que se iba a ganar "cuanto y cuando lo iban a dar" esa era otra de las preguntas más frecuentes que recibíamos donde quiera que fuéramos a reclutar personas para nuestra demanda cabe resaltar que el 95% de las personas involucrados en esta demanda éramos indocumentados y ese era otro pretexto, yo recuerdo una vez que hable con una señora de México y yo le pedí que viniera a nuestra junta. Pues ella decía que había trabajado mucho para esa compañía y efectivamente nosotros la reconocimos ella nos compraba pupusas y decía que había trabajado por esa compañía por 8-10 años, yo trataba de convencerla que se uniera a nosotros en el uno a uno y ella insístala en que si ella se convertirla en un miembro de nuestra organización el gobierno de los usa le quitaría a sus hijos algo que todos sabemos que no es así eso es asta ridículo, pase varias horas intentando convencerla y no lo logre, al cabo de unos días fueron otros compañeros a intentar convencerlos pero tampoco lo lograron. Pero eso no nos iba a detener, había mucha gente que siempre nos apoyó y sabía que nunca recibiría nada económico, pero sabían que se gana mucho en experiencia. La ganancia más buena que yo conozco se llama: experiencia.

Esta es la ganancia que muchos nos podemos mirar, disfrutar,

> Me preocupa que los jóvenes de hoy lo tienen todo y no quieren hacer nada y en mi tiempo no teníamos nada y lo hicimos todo, incluyendo nuestros juguetes(ap)

contar, conocer y es la que nos lleva al éxito o al fracaso a pesar de que las personas que tienen experiencia, aunque sus negocios no prosperan nunca fracasa porque no conocen esa palabra, la palabra fracaso ellos la conocen como ganancia en experiencia.

Nuestra demanda sube como una odisea con muchas subidas y bajadas, muchas batallas algunas perdidas y otras ganadas, tuvimos juntas muy reñidas las personas no querían escuchar nada más que no fuera del dinero de cuándo y cuánto nos iban a dar a cada uno y cuando lo iban a dar las personas pensaban que solo era cosa de meterse la mano en la bolsa y decir toma aquí está tu dinero e incluso la cuñada que vive en Cleveland ella trabajo con nosotros para esta compañía tenía derecho a su compensación pero nunca pude conversarla que viniera a las juntas simplemente nunca quiso saber de nada y nosotros pudimos llevarle el proceso y sacarle su cheque pero de repente le acordaba de cuando en la biblia San Pablo dice: el haragán bueno sería que no comiera. Eso nos llevó a la conclusión que si a ella no le interesaba, pues a mí tampoco y de ese forma muchos personas perdieron su compensación, algo tros aparecieron después duro meses de terminada la demanda y reclamamos su dinero y tantas veces que se les llamo y nunca nos apoyaron esta demanda termino a nuestro favor las dos compañías a las que demandamos pagaron $800,000 por todo de las casi 5 mil personas que salíamos involucradas solo se pudieron encontrar o convencer a unas 217 personas.

Mas logros.

Ahora quisiera hablarles de otros logros que gracias a Dios y al buen habito de continuar leyendo hemos conseguido y de cómo hemos podidos ir consiguiendo liberarnos de ciertas ataduras de la ignorancia que tanto nos rodeaban, pero antes quiero comentarles de como algunas veces asemos compras muy estúpidas y gastamos lo que no tenemos o lo que después vamos a necesitar.

Por un largo rato ya no supimos nada de mi amigo chaparrón y automáticamente quedamos fuera de aquella gran corporación, pero a mí me quedo el buen habito (semilla) de leer y quiero contarles que en ese tiempo que hasta allí no nos aviamos dado cuenta que estábamos pasando una crisis económica, la economía de usa estaba por el piso, hasta allí nos dimos cuenta que las casas estaban muy baratas o casi regaladas pero nuestra mentalidad era que no teníamos dinero para comprar una casa.

Yo me fui a trabajar en el campo decía que allí se ganaba muy bien y nos fuimos nos pagaban más o menos, pero nos daban muchas horas para trabajar por día, no nos pagaban extra tiempo pero con muchas horas la paga se me hacía buena, estaba como a una hora de la casa para no gastar mucho en gas allá nos quedábamos a dormir y así aprovechar más horas de trabajo, nos íbamos el lunes por la mañana y regresábamos el sábado por la tarde o noche, llevamos comida, y agua para la semana pues estamos muy lejos de la civilización, para mí era muy triste porque no miraba a mis hijos por varios días a veces me venía los miércoles o jueves por la noche por que me desesperaba no mirar a mis hijos aunque fuera solo a pasar la noche y mirarlos un momento.

En ese tiempo mi hijastra estaba muy emocionada que quería celebrar sus quince yo no le prometí nada en ayuda pues decía que no lo tenía, pero muchos amigos de la familia le habían prometido que le ayudarían, pero el día se llegó y de todos aquellos amigos y parientes que le ofrecieron su ayuda fueron pocos los que pudimos encontrar o que le ayudaron y al final tuvimos que sacar de nuestra bolsa.

En ese tiempo se compraban las casas hasta en $3 o 4 mil y buenas y solo yo gaste en esa fiesta unos $ ocho o nueve mil, Kenia también gastó mucho dinero pues ella siempre ha vendido comida y en ese tiempo lo que ella ganaba se lo daba a la niña para los gastos de sus quince, pero nuestro pensamiento era que no teníamos dinero para comprar una casa, luego cuando yo pensaba en comprar una casa lo comentaba a ese pariente de que antes te hable y él era el encargado de votar mi ilusión, de votar mi sueño; imagínese que nosotros en ese tiempo debíamos vivir donde ellos nos decían, viajar en el carro que ellos nos decían, trabajar donde ellos decían, cuando nosotros queríamos hacer algo por nuestra propia cuenta eran ellos los encargados de meternos en miedo, por ejemplo cuando quisimos comprar nuestro primer teléfono ellos nos dijeron que no podíamos hacer eso que necesitaríamos papeles buenos para hacer ese largo y complicado proceso, luego nos decían que si presentábamos los papeles falsos que ellos mismos nos habían ayudado a conseguir que las compañías nos podrían echar la migra y ellos se ofrecían como voluntarios para solucionar nuestro problema, y a eso si se le puede llamar pobreza, todos debemos aprender a tomar iniciativa propia sobre todo en las cosas buenas.

Cuando compramos la casa donde actualmente vivimos yo no tenía nada simplemente boté el miedo y empezamos a buscarla y sin decirle a nadie, yo tenía mucho miedo y uno de mis miedos era el que dirá mi pariente, otro de mis miedos era que me dieran la espalda y yo muy necesitado de ayuda para hacer reparaciones en la casa.

Aún recuerdo aquella tan extraña y muy bonita sensación que sentí cuando la mire por primera vez (la casa) no encuentro como describirlo, la casa está frente a la escuela, tan cerca que solo la cerca de metal la divide, creo que fue amor a primera vista, a esta escuela venia mi hijo. Eran tiempos muy difíciles teníamos solo un carro que por cierto era muy malo donde quiera se me quedaba y necesitaba reparaciones,

este carro yo lo llevaba a trabajar y Kenia venía a
dejar al niño a la escuela caminando, unos quince
bloques, a veces con mucho frio, a veces con mucha
calor, a veces bajo la nieve, a veces bajo la lluvia, etc.
mirar todas estas consecuencias en tu mente y luego
mirar una casa en venta en el frente de esa escuela.
Yo quería comprarla si fuese posible el mismo día, ese día no sé por qué razón no fui a trabajar y decidí traer a

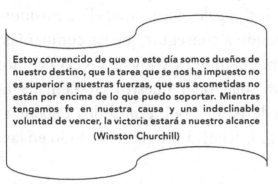

Estoy convencido de que en este día somos dueños de nuestro destino, que la tarea que se nos ha impuesto no es superior a nuestras fuerzas, que sus acometidas no están por encima de lo que puedo soportar. Mientras tengamos fe en nuestra causa y una indeclinable voluntad de vencer, la victoria estará a nuestro alcance

(Winston Churchill)

la escuela al niño yo mismo, deje al niño en la escuela
y me vine para mirarla bien por lo menos, le di como
cinco vueltas y no quería irme, anote el número de
teléfono para información de la casa como en tres
veces, les digo que me sentía no sé cómo, me pase
toda la mañana contando los minutos y rogando a
dios que mi hija Helen llegara muy rápido a la casa
para que hiciera la llamada por esa casa y preguntara
por la compra a pagos (landcontrac) y así fue todo
parecía estar debidamente ordenado el siguiente día
era día sábado y nos dijeron que vendrían por la
mañana a mostrarla y allí estábamos haciendo el
trato les repito yo no tenía ni un solo centavo para

la compra. pero yo estaba muy optimista, pero de la casa seguiremos hablando más adelante.

Ahora quiero hablarles de mi amigo chaparron, él y su esposa desaparecieron paso como un año que no sabíamos de ellos, nos abandonaron los amigos nos preguntaban por ellos y no sabíamos que decirles, nos abandonaron pero ellos habían dejado pero en nosotros habían depositado una semilla y ya estaba haciendo o dando frutos pues ya habíamos encontrado el camino hacia la libertad y el camino se llama: libros de superación personal, bueno sobre todo esta Dios y eso es indiscutible y gracias a él, yo había encontrado la mejor opción para solucionar mis problemas a corto y a largo plazo, y yo seguía buscando próximos sueños o mi más grandes necesidades y poco a poco llego a mi otra necesidad o sueño: tener mi propia casa, y me sentía muy decepcionado cuando empecé a mirar aquellos casas muy bonitas, muy bonitas y muy baratas, pero ya vendidas empecé a notar que era una recesión y me di cuenta que habían sido vendidas hasta en $ cinco mil dólares, y me recordaba cuanto gasté en la fiesta de Hellen esa cantidad salió solo de mi bolsa sin contar de lo que gasto Kenia que en realidad no sé cuánto fue, e imagínense si hubiéramos unido esas cantidades para una casa y mi mayor decepción era que ya hace tiempo se estaba terminando y paso por mis ojos pasó frente a mí pero mi sueño ahora era

una casa ojala allí estuviera cerca de la escuela para
que mi Kenia ya no sufra tanto trayendo mi niño
eso ya se había convertido en una necesidad y algo
en mi me decía que no debía perder la esperanza y
yo salía a buscar una casa que se pudiera comprar
y lo más peor era que en ese momento no tenía ni
un solo centavo pero tenía algo mejor que el dinero
tenía el deseo de superarme y tenía las mejores
herramientas para superarlo pero sobre todo tenia
Dios conmigo y él me estaba ayudando y es que salir
de la extrema pobreza económica debe ser una ley o
un mandato o acaso no lo podemos entender de esa
forma en la parábola de os talentos y esa es mi forma
de interpretar esa parábola explicada por el mismo
Jesús, es una obligación salir de la extrema pobreza
aquí y ahora yo estoy hablando de un método que a
mí me está funcionando yo aún soy pobre pero ya
inicie el proceso ya estoy viendo algunos cambios no
soy rico pero ya estamos saliendo de la pobreza y ya
estamos viendo resultados y aquí se los voy a seguir
contando y quiero dejar bien en claro yo no soy rico,
yo no soy pobre pero ya iniciamos el proceso y eso
ya es ganancia y me gustaría hablar un poco sobre
ganar según mi concepto y según algunas personas
con las que eh hablado, que creen que ganar lo que
te trae dinero al bolsillo y no conocen otra forma de
ganar y el dinero te lo ganas y lo gastas y ya es solo
pasajero pero que ay de aquello que ganamos y nadie

te lo puede quitar porque está en ti, en tu ser, en tu corazón, en tus hábitos que ahora ya aprendiste, en esas experiencias la vida se trata de intentar, fracasar, aprender y volver a intentar y eso es algo que me incomoda de la educación regular siempre te están metiendo miedo a fallar y no es que todo el tiempo vamos a fallar no porque si eso pasara significa que no estamos aprendiendo nada cuando uno falla y vuelves a intentar significa que vamos a volver a intentar pero de otra forma y así fue como la persona que hizo la bombilla de la luz lo intento más de cincuenta veces y nosotros casi siempre si llegamos a intentarlo lo intentamos una sola vez y eso es cuando llegamos hasta ahí a esa parte de intentarlo y una vez fallaste y se acabó no lo volvemos a intentar más.

Dicen que así es como funciona la fe a través de la insistencia, el sacrificio, la insistencia.

De la fe, se puede decir mucho, pero en esta ocasión solo diremos un poco. De sobra sabemos que a la gente a quienes Dios les hizo milagros también ellos pusieron toda su parte ejemplo: algunos caminaron grandes distancias, otros se atrevieron bajar por los techos de las casas, y los ciegos le gritaban incansablemente aunque lo regañaran, y muchas cosas más en el aquí y ahora todo lo queremos fácil una fe muy cómoda, pedimos café regalado y exigimos que allí venga el pan y así somos buenos para exigir el problema está cuando se nos exige y este mundo está lleno de eso de exigencias- yo debo exigirme a mí mismo si es que deseo alcanzar el éxito.

Y yo continuaba buscando otro sueño o necesidad y era el de tener mi casa propia y tal parece que ya la encontré yo me enamore de ella (mi casa) yo me decía a mí mismo desde aquí mi hijo ya no caminara mucho para llegar a la escuela, esta como a unos 30 pasos de la puerta donde entra mi hijo a la escuela es la casa perfecta después de mirar la casa por dentro después salimos a mirar la de afuera, fue en ese entonces cuando algunos vecinos se acercaron a Hellen para decirle que nadie debía comprar la casa porque la casa se había quemado y no servía y teníamos que invertirle mucho dinero que esa casa se había quemado y que por favor no la compraramos y es que esos vecinos ocupaban esa casa para hacer sus cochinadas ejemplo fumar, tomar, etc pero a nosotros no nos importó, nada vimos la casa y la volvimos a mirar pero parece que no la vimos porque todo estaba destrozado y todo fue tan rápido que en un par de semanas ya la habíamos comprado, se la compramos a pagos (land contract) rogábamos a Dios para que el dijera que si nos la vendía en pagos parece que Dios si oyó nuestros ruegos pero que debíamos llenar un contrato en donde él no se hacía cargos de ningún tipo de reparación, bueno esas eran cosas que rezaba el contrato y nada de eso nos importaba. La casa había sido quemada, tenía todo destruido, pero esa era la casa que yo quería de este logro puedo escribir mucho pero no pienso hacer lo por ahora pues este libro no trae la intención de ser fanfarrón, ni de tener de menos a alguien, simplemente es contarte los logros que yo estoy teniendo tan solo por haber aceptado ese reto.

Aquella pareja que se burló de nosotros, ahora le doy las gracias por haber depositado en nosotros esa semilla tan eficaz y que ha dado tantos frutos buenos y no solo en lo económico sino en lo amoroso, en nuestra vida familiar, etc. y si esto te parece un reto pues acéptalo y as la prueba – te aseguro que no tienes nada que perder.

En unas cuantas semanas llenamos el contrato y nos mudamos, pusimos luz de escondidas y empezamos trabajar en la casa, hasta mis 3 hijos ayudaron para botar paredes pusimos algunos servicios de robado. Pero ya estábamos aquí, quiero dejar bien claro que cuando yo agarre esta casa yo no tenía ni un solo centavo, yo andaba como un loco prestando dinero y mis dos hermanos que eran mis dos esperanzas me fallaron, no me prestaron ni un solo centavo, me dieron la espalda, pero yo ya había aprendido que para triunfar en la vida no necesitas que nadie crea en ti solamente una persona debe creer en ti y esa persona eres tú, no es un éxito si no te cuesta, lo que no se cuesta se has fiesta y así lo dicen en mi país.

Poco a poco arreglé mi casa, me vine ósea me mudé a escondidas

Mediante el acero de la disciplina forjaras un carácter colmado de coraje y paz Mediante la virtud de la voluntad, estas destinado a alcanzar el más alto ideal de la vida y a vivir en una mansión celestial llena de cosas buenas de vitalidad y alegría, sin ellos, estas perdido como un marino sin su brújula, ese marino que al final se hunde con su barco. (Nota) fue tomado del libro: el monje que vendió su Ferrari

pasaron, varios meses y aquella familia (parientes) no nos hablaban se enojaron pero uno de mis sueños o necesidad ya se había vuelto realidad la casa es grande pero necesita muchas reparaciones, yo después de venir de trabajar me ponía a intentar reparar partes de la casa yo no sabía nada de construcción, mis niños y yo nos poníamos a mirar en los teléfonos como se reparaban las casas y ellos me ayudaban.

Yo molesté a muchas personas que me ayudaran, y fueron muy pocos los que me ayudaron e incluso mis propios hermanos no quisieron ayudarme en nada, ni mano de obra ni con dinero prestado, a mi hermano mayor si le rogué mas para que me prestara dinero pero no quiso, mi hermano menor Pablo de una buena vez me dijo que no, que él no tenía, pero aun así salimos adelante. pero no entremos en muchos detalles.

Allá en Cleveland OH había hay una viejecita llamada: Angelica, ella no sabía leer, no tiene carro, no tiene o tenía trabajo, no habla inglés, ella me prestó dinero, también el cuñado me prestó dinero.

Yo seguía con aquel deseo de educar mi mente y algunas veces buscaba quien me comprara libros pues ya no supe que se hizo aquel amigo chaparron y los libros solo los encontrábamos en la internet y es que a mi eso de educar mi mente ya me había gustado mucho y quería seguir haciéndolo.

Desde ya hace mucho tiempo había iniciado un sueño y ese si es un sueño, yo quiero ser escritor, y escribir diferentes libros. pero sobre que o para que, pensaba y pensaba sobre que debía escribir. Luego llego a mi mente que en mi infancia había estudiado doctrina social de la iglesia católica en El Salvador, mientras seguía mi rutina diaria dedicándole más tiempo a mis hijos, a mi esposa, seguía y aún sigo educando mi mente. Hasta que un buen día decidí escribir sobre la justicia social. Pues recordé que tan triste fue mi infancia por eso y así fue como nació la idea de escribir el primer libro llamado: El injusto América, del cual no hablaremos mucho solo deseo invitar a leerlo y repetirles el título: El injusto América.

Una vez más deseo dejar en claro que yo no soy una mente brillante ni siquiera pienso en compararme con nadie. Yo soy quien soy y no me parezco a nadie, yo soy una persona como todas muy necesitada sobre todo de educación mental.

Pienso que si educo mi mente cambia mi entorno, si cambio yo cambia lo demás, si cambio me van a salir mejor las cosas que ago.

Déjame decirte que, escribir el primer libro no fue nada fácil. Nadie creía en mí, ni siquiera mi propia esposa cuando yo les invitaba a leer o a educar su mente a través de los libros yo les mencionaba partes de libros que ya había leído ellos hacían (ella y su hermano) gestos de: él está loco y en más de una ocasión ya no se ocultaron para hacer ese comentario ella y el cuñado él le dijo a ella: es verdad Abel está loco, y ella solo movió su cabeza diciendo que sí, mis propios hermanos se burlaban de mí y en mi propia cara y me decían que cuando yo fuera millonario que me acordara de ellos, también a mis espaldas decían que yo estaba loco y por supuesto que eso a mí por momentos me hacía desmayar pero yo no quería demostrarle nada a nadie sino a mí mismo demostrarme hasta donde yo puedo llegar, todo lo que yo puedo hacer pues aún me falta mucho por hacer.

Quiero dejar muy en claro que, en mi mente nunca he deseado ser millonario, no nunca lo he deseado. Mi deseo es: ser feliz, y eso es todo lo que le pido a Dios.

Y es que ahora soy yo, quien me pongo los límites de hasta donde quiero llegar y cuando quiero llegar, se acuerdan de que al principio un cualquiera me decía que yo debía hacer, hasta para ir al baño debía pedir permiso y en mi casa.

De este cambio radical en nuestra mente es del cual yo les hablo e invito a que iniciemos el proceso pues pienso que este también es parte del proceso de la vida. Yo sé que no es fácil porque nuestras viejas costumbres no están ayudando mucho cuando hablamos de este tipo de cambio, es más fácil bajar otro juega de la internet en el teléfono, computadora, tableta, que conseguir un buen libro y empezar a leerlo.

Quiero dejar muy en claro que, leer un libro no ayudara mucho o tal vez nada, pero ese buen habito de leer puede hacer muchos cambios en ti, y es que los premios en esos juegos se ven muy rápido en minutos o tal vez en segundos y los frutos de un buen habito tardan meses o quizás años.

Ahora comparemos los beneficios de un premio en los video juegos y los premios por haber adoptado este nuevo y buen habito, cuánto dura la sensación de un premio en los videos juegos y cuanto por haber adoptado este habito. Un buen habito te puede traer Beneficios: para ti, para tus hijos, para tus nietos.

Quiero dejar en claro que menciono mucho los videos juegos o redes sociales porque hoy en día ese es el mayor reto y no es que yo tenga algo en contra de las redes sociales no, yo si tengo facebook, whasapp, entre otros, el problema es que nos hemos vuelto muy abusivos con los medios de comunicación y esta es una de las costumbres que no nos están ayudando e incluso que nos apartan de cualquier habito bueno que traemos e incluso hoy en día ya no se puede ni conversar con alguien porque tiene agachada su cabeza en el teléfono y si tú le pides que guarde su teléfono por un momento se ofenden, se enojan, te hacen una cara que quisieran matarte, y algunos se atreven a decirte: mi teléfono es mío y puedo hacer con él lo que yo quiero, y hay otras personas que hasta se ponen a enseñarte los estúpidos videos que ellos están mirando y si no tienes cuidado te meten en sus chismes sociales, se la pasan horas mirando y poniendo puras tonterías nunca ponen nada de interés.

Hoy en día las redes sociales te acercan a los que están más lejos o tal vez no existan, pero te alejan de los que están a tu lado.

Qué ironía de la vida: tenemos buenos carros, tenemos buenas casas, usamos ropas muy caras, zapatos muy caros, jugosas cuentas de banco, pero ¿cuándo fue la última vez que tomaste una vitamina para el cuerpo? así estamos hoy por nuestra falta de educación muchos murieron jóvenes por falta de cuido en su salud y es que no tuvimos tiempo ni dinero para eso solo teníamos dinero para hacer carne asada y comprar cervezas o un buen teléfono, entre otras cosas.

Es más algunos de nosotros nos acordamos tanto de los demás que hasta nos olvidamos de nosotros mismos y de esto hablemos un poco, yo he trabajado

> Soy un éxito hoy porque tuve un amigo que creyó en mí y no tuve el valor de desilusionarlo (Abraham Lincoln)
>
> Las organizaciones no se ven limitadas por la oportunidad que tengan, si no por su líder (J.F.K.)

en muchos lugares y donde quiera he mirado muchas personas muy afanadas por enviar su dinerito para su país, el día de pago quieren salir volando hacia la tienda de envíos para enviar su pago completo o si les es posible prestan más dinero para enviarlo y siempre se están quejando de lo caro que están las cosas que no les queda nada se convierten en esclavos de su propia familia, no les queda dinero ni para su comida, y cuando llega la fecha de pagar la renta se la pasan días enteros la mentándose de no tener nada, a la hora de comer es cuando más tristeza da solo comen sopas instantáneas o comidas calentadas siempre asiéndose las víctimas, bueno pero creo que de esto mejor hablaremos en otra ocasión.

Ahora quiero hablarles un poquito sobre el liderazgo que obtuvimos, fue algo muy sorprendente. En realidad, mi objetivo es mostrar los cambios tan radicales que Dios y este buen habito están haciendo en nosotros, anteriormente he dicho en mí, les pido disculpas no es en mi sino en nosotros. Recuerdan que se nos dijo si cambio yo cambia mi entorno pues tu primer entorno es: tu esposa, tus hijos, tus vecinos, etc. y uno de nuestros primeros objetivos es ser feliz y tú no puedes ser feliz si a tú vecino le falta pan, medicina, ropa, etc. pero mejor regresamos al tema. Fue tan interesante o emocionante conocer figuras políticas de estados unidos, desde un alcalde, senadores, legisladores, y hasta el presidente de la república, el capitolio por dentro, allí si me sentía como la aguja que se nos perdió en el pajar. No entendía como un indocumentado podía estar dentro del capitolio de los estados unidos.

Provocamos un liderazgo sorprendente un liderazgo que no esperaba, pasamos de ser un hombre al cual todos le daban ordenes, a ser un escritor y no quiero que me miren como un fanfarrón sino como un reto que, si a mí me ha funcionado a usted también le puede funcionar, acepte el reto e inténtelo y recuerde que nuestra función debe ser: intentar, fracasar, aprender, y volver a intentar.

Cuantos objetivos nos proponemos casi a diario sin poder lograrlos, a veces sin siquiera intentarlo, pues qué más da tomar este reto y aplicarlo en nuestra vida, yo te aseguro que no hay absolutamente nada que podamos perder y recuerda lo que ganamos para el bolsillo "$" así como viene se va, pero lo que ganes para tu mente eso si se quedara por siempre contigo nadie te lo podrá arrebatar y hasta podrás heredarlo a los tuyos.

Cuantos ejemplos hemos visto de padres que se esfuerzan por dejar a sus hijos grandes fortunas y cuando mueren esos mal agradecidos se dedican a puro derrochar, como lo hizo el hijo prodigo (en la biblia) tal vez porque su o sus padres se empeñaron en dejarle sus bolsas llenas pero su mente vacía, pues hoy en día ni siquiera buenos modales los estamos enseñando a nuestros hijos.

Y recuerda mientras más libros hayas leído más rico eres, más sabio eres, y a esto debes agregarle aquella frase que dice: vacía tu bolsillo para llenar tu mente, y luego tu mente llenara tu bolsillo.

Cabe recalcar que lo que te pido, invito, o el reto es a leer libros, pero no cualquier libro y es que muchos de nosotros siempre nos han gustado leer revistas o las historias del hombre araña o cualquier cosa por allí.

Yo te invito a leer libros de superación personal, te lo voy a repetir: libros de superación personal, hasta el titulo suena muy alentador, muy motivador, y es que la idea no es solo leer sino el tipo de libro que vamos a leer y te digo vamos porque yo no pienso en detenerme. Pienso en seguir y es que dicen que la misma vida es una escuela, es la escuela de la vida la que a diario nos enseña cosas nuevas buenas y malas y tú decides que quieres seguir aprendiendo el problema mayor es cuando tú ya no estas aprendiendo lo bueno o lo malo si esto pasa tú ya has empezado a morir y te has convertido en un muerto viviente pues solo los que están muertos ya no aprenden nada.

En realidad, no es por mí, ni por ti, que debemos adoptar nuevos y buenos hábitos. Debemos hacerlo por aquellos que vienen detrás de nosotros, aquellos que vienen siguiendo nuestros pasos, aquellos a quienes hemos decidido dejarles lo mejor que pudimos encontrar en la vida, dejarles aquellas cosas tan buenas y que nadie se las puede quitar. A pesar que también les dejamos cosas malas, hábitos malos, costumbres malas, se recuerdan que se nos dijo que, de lo que venimos untados (embarrados) los padres untamos a nuestros hijos, entonces porque no untarnos de un poco de conocimiento e intencionalmente untar a nuestros hijos, de eso. Lo mejor de dejarles buenas costumbres, buenos hábitos, a nuestros hijos es; que son cosas que nadie se las puede quitar, aquellas cosas que no podrán derrochar sin mostrar interés de conservarlas, aquellas cosas que nos colaboraran para cambiar este mundo malo, torcido, y desgraciado que nosotros mismos hemos corrompido, hemos ensuciado; eso será muy aparte de haber logrado nuestros objetivos familiares, personales, mentales, etc. debemos agregar que al iniciar estos cambios también estaremos haciendo un mejor futuro para, un mejor mundo para nuestras generaciones venideras pues ha sido eso lo que nos ha llevado a que en el aquí y ahora allá tanta maldad.

Bueno yo creo que en el futuro vamos a hablar más de: La herencia, sobre que les vamos a dejar a nuestros hijos, dice un dicho: dime con quien andas y te diré quién eres, y yo te digo, muéstrame tus hábitos o costumbres y te diré que les vas a heredar. Y lo mejor de esto es que siempre buscamos que nuestros hijos sean mejores que nosotros incluso haciendo lo mismo que nosotros asemos y allí está el detalle. Que tenemos, que hacemos, que compartimos.

Cabe recordar que humanos ya no somos de eso ya no nos queda nada, fuimos humanos alguna vez, eso nuestros hijos no lo conocerán y entonces que es lo que les vamos a dejar como herencia solo la maldita ambición de poder que es lo que en el aquí y ahora domina nuestras mentes y a esto se le suma una serie de malos hábitos que con mucha gracia venimos arrastrando algunos son: el odio, la ambición, la envidia, y muchos más.

Lo que más miedo me da es que estamos acabando con la vida en todo aspecto y me duele el pensar que algunos animales mis hijos o nietos ya no los conocerán o tal vez solo los miraran en fotos o cuentos. después de la naturaleza tan completa y muy bella que Dios a los hombres nos regaló, pero hemos sido muy animales como para creer que debemos cuidarla, e inconscientes del daño que le estamos causando al planeta donde Dios decidió tenernos como sus hijos que supuestamente somos.

Y una vez más lo diremos: que a las futuras generaciones les estamos dejando, heredando; buenos carros, buenas casas, mucho dinero, pero muy poca VIDA y luego nos llenamos la boca diciendo que lo que asemos lo asemos por el bien de nuestros hijos, la verdad es que estamos acabando con la vida en todo aspecto incluyendo la vida humana. Nos hemos convertido en el peor cáncer que a este bello mundo lo pudo haber pasado, somos de las peores bestias que existen y digo bestias por el poco razonamiento y mucho daño que hemos aprendido a hacer.

Hoy en día miramos la vida como una competencia, apostándole a quien le deje o herede las mejores cosas a sus hijos. sin importar la opción o daño que tengamos que hacer para conseguirlo.

> Cuando nos abastemos de dar y tenemos una mentalidad de escasez, lo poco que tenemos se hace menos, cuando damos generosamente, con una mentalidad de abundancia, lo que damos se multiplica (Henry normen)

Hay un buen habito que hace mucho perdimos y me gustaría hablarles un poco de él, sobre todo de invitarlos a adoptarlo de nuevo, pues ya hace mucho que lo perdimos se llama: ESCUCHAR hoy en día ya nadie quiere escuchar ni siquiera nuestros hijos ya no nos escuchan ni mucho menos obedecer; en el aquí y ahora los padres somos víctimas de nuestros propios hijos.

Pero mejor regresemos al tema, el escuchar. El abandono de este bello habito nos está trayendo muchos problemas, nadie quiere escuchar, ahora ya nos cuesta mucho mantener una conversación formal con otras personas pues todos queremos solo hablar bla, bla, bla, bla, bla, aunque sean puras estupideces las que decimos, pero solo queremos hablar y nadie quiere escuchar.

Dicen que: la vida es la mejor escuela, pero cuando perdimos este bonito habito de escuchar eso se empezó a acabar y ya no aprendemos nada y la persona que ya no aprende nada se convierte en un muerto viviente dicho de otra forma seria que ya casi somos zombis, personas que vamos por la vida sin rumbo fijo ni una dirección y sin querer saber nada porque ya lo es todo. Y los que se quedan callados es porque andan muy lejos en las redes sociales o en los videos juegos, están muy cerca de ti, pero muy lejos en su mente y ya no son pocos son muchos los que cayeron en hace trampa, en la actualidad pienso que es el mayor pretexto para no aprender a escuchar y es conveniencia para los gobernantes el mantenerlos muy alejados de la realidad y luego que gastan mucho dinero en eso.

Hay muchos niños que ni siquiera han nacido y ya tienen un teléfono o una tableta (wifi)o lo que sea con tal de meterlos en el mismo corral donde están sus padres y heredarles lo que sus padres sin esfuerzos han logrado algo que se llama: IGNORANCIA.

A este tipo de personas si les das un consejo se enojan y casi siempre no se les puede interrumpir, Les ofende que les dirijan la palabra. Estamos en la misma mesa y de presto te salen hablando de temas muy diferentes y te hablan sin voltear a mirarte pues están muy centrados en sus juegos o texteando con tres o cuatro personas a la vez o no quieren perder en los videos juegos a muchos de ellos les amanece en sus juegos y cuando llegan a sus lugares de trabajo, llegan con mucho sueño, con una bebida energética grande en una mano y en la otra el teléfono y. cada hora van por otra bebida energética. Si se les cae algo tienen mucho problema para levantarlo pues traen siempre ocupadas las dos manos si en el trabajo se les pide que guarden su teléfono mientras trabajan y deciden mejor renunciar a el trabajo por no dejar el teléfono y también hay entre ellos adultos. Padres de familias que ya no deberíamos de caer en esas trampas, son o somos personas serias que tenemos compromisos serios pienso que eso no debería ser ni para los niños.

Ahora pongámonos a pensar cómo serán estos jóvenes cuando sean adultos y luego como serán sus hijos, y como serán sus nietos.

Yo creo que ya nos jodimos todos ustedes, mucha.

Y quiero despedirme con dos frases de las cuales ya hemos hablado pero ni modo hoy se aguantan, y es que dicen que nosotros los latinos para que aprendamos tienen que estar con una mano enseñando y con la otra un lazo, ósea solo aprendemos por la mala por eso debemos repetir las cosas para que las aprendamos.

1) Yo soy quien soy y no me parezco a nadie.
2) Nuestra función debe ser: a) insistencia

B) persistencia

C) consistencia

y nunca   Desistencia

ummm

Lo que pasa es que eso de andarse comparando con otros no lo veo muy bien.

Recuerden que así es como funciona la FE: insistir, persistir, consistir, y nunca desistir (la comodidad es mala).

Una vez más nos queda comprobado que la pobreza está en la mente y no en el bolsillo.

Después de iniciar el proceso de educación que continuamos llevando obtuvimos más logros de los cuales no hablamos mucho aquí pues considero que ya sería suficiente, pero quisimos contarles lo de la demanda porque creemos que fue uno de los logros más importantes de nuestra vida. aunque después vinieron más, por ejemplo: compramos una casa (que es donde vivimos) contiguo a la escuela, me estoy convirtiendo en escritor, entre otras.

Al llegar al final de nuestro libro, quiero de todo corazón darte las gracias por haber llegado hasta aquí, y pedirte disculpas por si algo de lo aquí escrito no te gusto o no lo crees conveniente, discúlpame y te invito a que aceptes el reto de convertirse en un buen lector ya que después vendrán otros cambios en tu vida que serán los que te traerán los éxitos que ya has deseado. Será fácil no, será imposible no, pero de una cosa estoy muy seguro, a mí me ha funcionado de maravilla y dime- que tengo yo que tu no tengas, que puedo a ser yo que tu no puedas a ser, recuerda todos los seres humanos somos iguales, nacemos con las mismas cualidades, los mismos dones, en algo tu eres bueno y eso es lo que tú y todos debemos encontrar en que (cada uno) somos buenos.

En el aquí y ahora existen dos formas de trabajar, una con nuestras manos como nos enseñaron nuestros padres y la otra es con nuestra mente.

Abel Pacheco tu amigo y servidor. Para cualquier pregunta, comentario o pláticas de amigos puedes llamarnos a 313 -629-0791 o visitarnos en facebook en nuestra página llamada El Injusto América.

Hasta muy pronto y que Dios nos bendiga a todos!

Printed in the United States
by Baker & Taylor Publisher Services